Duden
Lernen lernen

Lesen fördern in der Grundschule

W0181017

Duden
Lernen lernen

Duden
Lernen lernen

Lesen fördern in der Grundschule

Mit System und Spaß zum Lernerfolg
Mit einem Ratgeber für Eltern

von Annette Neubauer
mit Illustrationen von Judith Arndt

Dudenverlag
Mannheim · Leipzig · Wien · Zürich

Bibliografische Information der Deutschen Nationalbibliothek
Die Deutsche Nationalbibliothek verzeichnet diese Publikation in der
Deutschen Nationalbibliografie; detaillierte bibliografische Daten sind
im Internet über http://dnb.ddb.de abrufbar.

Das Wort Duden ist für den Verlag
Bibliographisches Institut & F. A. Brockhaus AG
als Marke geschützt.

© Bibliographisches Institut & F. A. Brockhaus AG,
Mannheim 2007   D C B A
Redaktionelle Leitung: Simone Senk
Redaktion: Dr. Daniela Rauthe
Herstellung: Tobias Kaase
Typografisches Konzept: Nebe + Topitsch Design, München
Satz und Gestaltung: tiff.any GmbH, Berlin
Umschlaggestaltung: Bettina Bank, Heidelberg
Druck und Bindung: Firmengruppe APPL, Wemding
Printed in Germany
ISBN-13: 978-3-411-72951-7
ISBN-10: 3-411-72951-1

Liebe Eltern!

Fehlerfreies und konzentriertes Lesen spielt in vielen Schulfächern eine entscheidende Rolle. Nicht nur in Deutsch, sondern auch in Sachkunde und Mathematik werden Texte erarbeitet und die gewonnenen Informationen entsprechend umgesetzt.

Dieses Buch hilft, die Lesetechnik (also das „Wort-für-Wort-Lesen") zu verbessern. Darauf aufbauend unterstützt es Ihr Kind bei der täglichen Anforderung, Texte zu verstehen und selbstständig zu erarbeiten. Die Schreibübungen vertiefen das neu gewonnene Wissen. Denn fremde und neue Informationen werden beim Schreiben aktiv umgesetzt. Wenn eigene Gedanken notiert werden, vergrößern sich gleichzeitig Wortschatz und Ausdruck Ihres Kindes.

Je nach Lernfortschritt kann dieses Buch Ihr Kind von der 2. Klasse bis zur weiterführenden Schule begleiten. Die Kapitel und Übungen bauen jedoch aufeinander auf und sollten in der vorgegebenen Reihenfolge bearbeitet werden.

Bei der Auswahl der Texte war übrigens ein Punkt ganz entscheidend: Die Kinder sollen neugierig gemacht und zum Weiterlesen und zum produktiven Schreiben angeregt werden.

Viel Spaß und Erfolg bei der Arbeit mit dem Buch wünschen Autorin und Redaktion!

Inhaltsverzeichnis

Einleitung

Lesen und Schreiben

Liebe/Lieber _____!

(hier kannst du deinen Namen eintragen)

Mit diesem Buch kannst du das Lesen und Schreiben üben. Du kannst allein lernen oder mit anderen zusammen.

Wie du auch in diesem Buch arbeitest: Auf jeder Seite findest du etwas Lustiges oder Spannendes über Tiere, Pflanzen und uns Menschen.
Bei den Übungen musst du unterstreichen, schreiben und malen. Deswegen brauchst du einen Bleistift, Buntstifte, einen Radiergummi und einen Spitzer.
Lege alles bereit, bevor du anfängst.

In den blauen Kästchen findest du Basteltipps und Spielanleitungen.

Manche Aufgaben findest du vielleicht ganz leicht.
Für andere brauchst du etwas mehr Zeit.

Es reicht, wenn du jeden Tag fünf bis zehn Minuten
übst. Wichtig ist, dass du wirklich das machst,
was du dir vornimmst. Gib nicht auf, auch wenn du
dich einmal richtig anstrengen musst! Denn nur
so zeigt Lernen Erfolg.

Als Belohnung erhältst du am Ende dein eigenes,
buntes Arbeitsbuch, das es so nur ein Mal auf der
Welt gibt!

Wir wünschen dir viele gute lustige und ernste
Einfälle!

Achte auf das Eichhörnchen.
Es verrät dir viele wichtige
Tipps zum Lernen!

Texte lesen

Bastle dir ein **Leselineal.**
Lege einen Pappstreifen so vor dich, dass eine gerade Seite zu dir zeigt. Darüber kannst du etwas zeichnen, das zu deinem Text passt. Schneide den Umriss aus. Achtung: Nicht an der geraden Seite schneiden. Lege dein Lineal nun unter die Zeile, die du liest.

Sätze erkennen: Im Garten

Lies den Text einmal leise durch.
Lies ihn dann ein zweites Mal laut vor.

Im Garten

Es gibt verwilderte und gepflegte Gärten, Blumen- und Gemüsegärten, Stein- und Schlossgärten.
In Stadtparks zum Beispiel kann man sich erholen, spielen oder spazieren gehen.

Die Spielplätze, Picknickwiesen und Grillecken in den Parks sind beliebte Treffpunkte.
Einige Familien haben einen eigenen Garten um ihr Haus, in dem sie säen, pflanzen und ernten. Manchmal trägt der Wind die Samen von Wildblumen in die Gärten. Unkraut nennen die meisten diese Pflanzen, die sie nicht selbst gesät haben.
Auch tierische Besucher sind nicht immer gern gesehen. An Schmetterlingen erfreut sich jeder, aber die Raupen werden oft bekämpft.

Text aus: Der Kinderduden

Hast du den Text gut gelesen?

Dann trage die fehlenden Wörter hier ein.

Es gibt verwilderte und gepflegte _____.

Die Spielplätze, Picknickwiesen und Grillecken
in den Parks sind beliebte _____.

Einige Familien haben einen eigenen
_____ um ihr Haus,
in dem sie säen, pflanzen und ernten.

Manchmal trägt der Wind die _____
von Wildblumen in die Gärten.

_____ nennen die meisten Gärtner
die Pflanzen, die sie nicht selbst gesät haben.

An _____ erfreut sich jeder,
aber die Raupen werden oft bekämpft.

Lies die Anweisung genau.

Dann kannst du selbst eine Sonnenblume züchten.

Sonnenblumenkerne pflanzen
Zeit: Mai bis Juni
Du brauchst: einen Blumentopf
                        Erde
                        2–3 Sonnenblumenkerne
Blütezeit: Juli bis September

Fülle den Topf mit Blumenerde.
Bohre mit einem Finger ca. 2 cm tiefe Löcher
hinein. Lass genügend Abstand, damit die Pflanzen
Platz zum Wachsen haben.
Gieße kräftig Wasser auf die Blumenerde.
Stelle den Topf an einen hellen Ort.
Nun musst du nur etwas Geduld haben.

Trage den fehlenden Teil der Wörter ein.

Kannst du die Begriffe anschließend laut und ohne zu stolpern lesen?

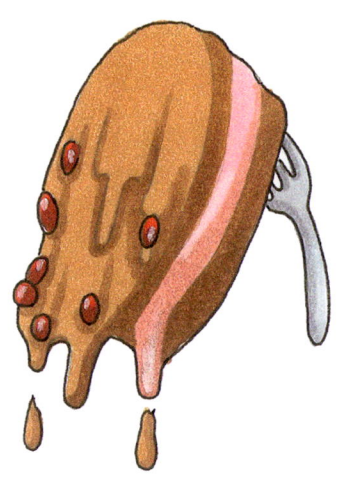

Gemüsegarten _____ **Garten** _____ liege

Stadtpark _____bank

Spielplatz _____   _____anweiser

Picknickwiesen _____   _____schaumkraut

Wildblumen _____   _____beet

Kastanienbaum _____   _____krone

Findest du noch mehr Begriffe, die aus zwei Nomen bestehen? Schreibe sie auf.

das Vogelhaus, der Fußball, _____

_____

Nomen können auch Substantive oder Namen-wörter genannt werden. Sie werden großgeschrie-ben und haben einen Begleiter: die Blume, der Mut, das Kind.

Lies die Sätze zuerst leise.
Lies sie dann laut und deutlich vor.

Schreibe den letzten Satz zu Ende.

Im Garten …
Im Garten kann ich …
Im Garten kann ich faul in der Sonne liegen …
Im Garten kann ich faul in der Sonne liegen und ein
Buch lesen.

Unkraut nennen …
Unkraut nennen die meisten Gärtner …
Unkraut nennen die meisten Gärtner
die Pflanzen …
Unkraut nennen die meisten Gärtner die Pflanzen,
die sie nicht selbst gesät haben.

Suche dir mit einem Freund
einen Text aus. Lest dann
abwechselnd Satz für Satz.

An Schmetterlingen erfreuen sich …
An Schmetterlingen erfreuen sich Erwachsene und
Kinder …
An Schmetterlingen erfreuen sich Erwachsene und
Kinder, aber Raupen …

_____

_____

Lies die beiden folgenden Texte laut vor.

Obwohl sich im zweiten Abschnitt nur ein Wort geändert hat, wird dein Zuhörer am Ende vielleicht laut lachen.

Marie ist gerne im Garten.
Dann spielt sie mit ihrem kleinen Bruder, liest oder liegt im Liegestuhl.
Manchmal pflückt sie ein Gänseblümchen ab und steckt es sich zwischen die Lippen.

Marie ist gerne im Garten.
Dann spielt sie mit ihrem kleinen Bruder, liest oder liegt im Liegestuhl.
Manchmal pflückt sie ein Gänseblümchen ab und steckt es sich zwischen die Rippen.

Welches Wort stimmt im zweiten Text nicht?
Markiere es.

Welcher Satz stimmt? Kreise ihn ein.

Manchmal pflückt Marie ein Gänsewürmchen ab.

Manchmal pflückt Marie ein Gänseblümchen ab.

Wer genau liest, macht weniger Rechtschreibfehler!

Erfinde mit einem Freund selbst Unsinnssätze!

Lies den Text.

Am Mittwochnachmittag hat die 4a keine Schule.
Nachdem Leon seine Hausaufgaben gemacht hat,
geht er in den Garten, legt sich ins Gras und
schaut den Wolken nach. Sie sehen aus wie riesige
Wattebausche.

Text aus: Lesedetektive. Eins zu null für Leon

Zeichne eine dicke Wolke in den Himmel.
Welchen Wunsch könnte Leon haben?

Welcher Wunsch ist für Emil in Erfüllung gegangen?

Lies den Text durch und schreibe die Lösung unten auf die Linie.

Emil hat einen **???**
für sein Fahrrad bekommen.
Der **???** kann viel:
Tageskilometer zählen,
Uhrzeit angeben und
Geschwindigkeit messen!

Text aus: Lesedetektive. Emil und der neue …

Überlege dir einen Gegenstand und schreibe ihn auf. Beschreibe ihn, ohne den Gegenstand zu nennen. Errät dein Freund, was gemeint ist?

Emil hat einen _____
geschenkt bekommen.

Lies die Sätze.

Zeichne dann den Schmetterling zu Ende.

Die fehlende Seite des Schmetterlings sieht
genauso aus wie die Hälfte, die du siehst.
In den oberen Flügeln sind drei kleine rote Punkte
und zwei kleine grüne Punkte.
In den unteren Flügeln ist ein großer blauer Punkt.
Die Flügel des Schmetterlings sind gelb.
Der Rumpf des Schmetterlings ist braun.
Der Schmetterling hat zwei lange schwarze Fühler.

Betontes Lesen: Auf der Burg

Lies den Text zuerst leise durch.
Lies ihn dann laut vor.

Auf der Burg

Beim Anblick einer Burgruine denkt man oft an
Ritter, die bei großen Turnieren in Rüstung und
Schild mit Schwertern gegeneinander kämpften.
Aber die Ritter haben natürlich nicht nur gekämpft.
Manchmal kamen auf die Burgen auch Sänger
und Dichter. Dann wurde getanzt, gesungen und
musiziert.

Man feierte laute Feste und abends wurden Geschichten erzählt. Bei diesen Festen mussten sich alle ordentlich benehmen.

Es war unanständig, beim Essen zu schmatzen, über den Tisch zu spucken oder in die Tischdecke zu schnäuzen – die fettigen Finger durfte man sich allerdings ohne Weiteres daran abwischen. Abgenagte Knochen legte man nicht in die Schüssel zurück, sondern warf sie einfach auf den Boden.

Wir sehen schon, nicht alle der damaligen Höflichkeitsregeln sind heute noch gültig.

Text aus: Der Kinderduden

Stelle dir vor, dass du ein Nachrichtensprecher bist. Setze dich an einen Tisch, lege den Text „Auf der Burg" vor dich hin und bitte jemanden, dir zuzuhören. Versuche, ganz deutlich zu lesen. Schaffst du es auch, deinen Zuhörer ab und zu anzuschauen?

Welche Antwort passt? Verbinde die Fragen mit den passenden Antworten.

Lies dann Frage und Antwort laut vor und betone die unterstrichenen Wörter.

Denkst du bei einer Burgruine sofort an <u>Ritter</u>?

Denkst <u>du</u> bei einer Burgruine sofort an Ritter?

Denkst du bei einer Burgruine <u>sofort</u> an Ritter?

Nein, ich denke bei einer Burgruine <u>sofort</u> an Gespenster.

Nein, ich denke bei einer Burgruine sofort an <u>Gespenster</u>.

Nein, <u>ich</u> denke bei einer Burgruine sofort an Gespenster.

Die Bedeutung eines Satzes ändert sich, wenn ein anderes Wort betont wird.

Lies dir die Fragen und Antworten leise durch.

Unterstreiche in den Antworten die Wörter,
die du beim lauten Vorlesen betonen möchtest.

War es bei Festen erlaubt, die fettigen Finger an seinem <u>Nachbarn</u> abzuwischen?

Nein, es war erlaubt, die fettigen Finger an der <u>Tischdecke</u> abzuwischen.

<u>Was</u> wurde bei Festen erzählt?

Bei Festen wurden Geschichten erzählt.

Glaubst du, dass <u>alle</u> der damaligen Höflichkeitsregeln heute noch gültig sind?

Ich glaube, dass einige der Höflichkeitsregeln heute noch gültig sind.

<u>Wann</u> kamen Sänger und Dichter auf die Burg?

Sänger und Dichter kamen auf die Burg, wenn Feste gefeiert wurden.

Warf man abgenagte Knochen in eine <u>Schüssel</u>?

Nein, abgenagte Knochen warf man auf den Boden.

Erfinde deine eigenen „Höflichkeitsregeln".

Was möchtest du gerne?

Ich möchte gerne Kaugummi kauen,
so oft und wann ich will.

Ich möchte _____

_____

Ich möchte _____

_____

Ich möchte _____

_____

Lies den Text so vor, wie er da steht.

Was passiert bei einem Ritterturnier?
Das Turnier des Mittelalters war ein spielerischer
Wettkampf mit strengen Regeln Ritter traten
einzeln oder in Gruppen an sie stellten ihre
Geschicklichkeit und ihren Mut unter Beweis die
Zuschauer saßen auf Tribünen die Ritter ritten
aufeinander zu sie versuchten sich mit der Lanze
aus dem Sattel zu heben die Lanzen waren oft
abgestumpft trotzdem kam es häufig zu
Verletzungen der Sieger bekam meist die Waffen
und die Rüstung des Besiegten.

Text aus: Der Kinderbrockhaus in einem Band

Achte beim Lesen auf die
Satzzeichen. Dann verstehst
du einen Text leichter.

Lies den Text noch einmal und setze einen Strich,
wenn ein Satz zu Ende ist.

Lies den Text noch einmal laut vor.

Leider sind die Fragezeichen **?** und Ausrufungszeichen **!** verschwunden. Setze sie ein.

Kunibert: Sieh nur ___ Ritter Arthur hebt seine Lanze zum Stoß.

Sigmund: Ja, Arthur kämpft wie ein Löwe ___ Ob ihm überhaupt jemand gefährlich werden kann ___

Ein **?** steht am Ende einer Frage.

Ein **!** zeigt dir, dass ein Satz besonders wichtig ist.

Kunibert: Schau ___ Sein Gegner ist vom Pferd gefallen.

Sigmund: Wie die Zuschauer jubeln ___

Kunibert: In der nächsten Runde werde ich Arthur gewiss vom Pferd stoßen.

Sigmund: Das glaube ich nicht ___

Kunibert: Ich, Ritter Kunibert, werde Arthur besiegen. Sollen wir wetten ___

Sigmund: Einverstanden ___ Die Wette gilt ___

Wie geht die Wette aus? Wird Kunibert seinen
Gegner Arthur im Turnier besiegen?

Schreibe den Text zu Ende.

Wenn dir der Platz nicht
ausreicht, dann schreibe den
Text in deinem Schreibheft
zu Ende.

Wer findet die meisten
Wörter zum Thema Burg?
Schwert, Lanze, Helm …
Schreibt sie auf und
vergleicht eure Ergebnisse.

Jetzt darfst du dir selbst
ein Gespräch ausdenken.
Was sagt der Ritter?
Was meint das Burgfräulein?

Schreibe es in die Sprechblasen.

Lies den Text laut vor und betone dabei
die unterstrichenen Wörter.

Auf der Burg

Beim Anblick einer <u>Burgruine</u> denkt man oft an
<u>Ritter</u>, die bei großen <u>Turnieren</u> in Rüstung und
Schild mit Schwertern gegeneinander kämpften.
Aber die Ritter haben natürlich <u>nicht</u> nur <u>gekämpft</u>.
Manchmal kamen auf die Burgen auch <u>Sänger</u>
und <u>Dichter</u>. Dann wurde <u>getanzt</u>, <u>gesungen</u> und
<u>musiziert</u>. Man feierte laute Feste und abends
wurden <u>Geschichten</u> erzählt. Bei diesen Festen
hatten sich alle <u>ordentlich</u> zu benehmen. Es war
<u>unanständig</u>, beim Essen zu <u>schmatzen</u>, über
den Tisch zu <u>spucken</u> oder in die Tischdecke
zu <u>schnäuzen</u> – die fettigen <u>Finger</u> durfte man
sich allerdings ohne Weiteres daran abwischen.
Abgenagte Knochen legte man nicht in die
<u>Schüssel</u> zurück, sondern warf sie einfach auf den
<u>Boden</u>.
Wir sehen schon, nicht alle der damaligen
<u>Höflichkeitsregeln</u> sind <u>heute</u> noch gültig.

Text aus: Der Kinderduden

Suche dir einen anderen
Text und unterstreiche
selbst die wichtigsten
Wörter.

Zum Vorgehen

Ermutigen Sie Ihr Kind, den folgenden Text „Was bist du nur für ein Junge?" zu lesen. Erklären Sie ihm, dass es sich um ein kleines Experiment handelt.

Zunächst sollte Ihr Kind sich allein mit dem Text beschäftigen. Lassen Sie es selbst entscheiden, ob es zuerst laut oder leise lesen möchte. So entwickelt Ihr Kind ein Gefühl dafür, wie es einen Text am besten versteht.

Bitten Sie Ihr Kind anschließend, den Text, so gut es kann, vorzulesen.

Fragen Sie Ihr Kind, ob es den Text auch mit verschiedenen Stimmen und betont lesen will. Machen Sie es darauf aufmerksam, dass es die Textstellen, die es besonders hervorheben möchte, vorab unterstreichen kann.

Viele Kinder lesen gerne mit verteilten Rollen: Übernehmen Sie einmal die wörtliche Rede der Mutter, während Ihr Kind Leons Passagen liest.

Was bist du nur für ein Junge?

Nachdem Leon seine Hausaufgaben gemacht hat, geht er in den Garten.
Er entdeckt eine kleine grüne Raupe.
„Leon, was machst du da?", fragt Mama, die mit Tennistasche aus dem Haus kommt. Da sieht sie die Raupe auf Leons Hand und schüttelt den Kopf.
Leon hält sie ihr entgegen.
„Leon!", ruft sie und weicht zurück.
„Keine Angst, Mama, die beißt nicht", sagt Leon lachend.
„Leon, was bist du nur für ein Junge? Statt mit anderen Jungen Fußball oder Tennis zu spielen, sitzt du hier mit Raupen und Käfern im Garten. So findest du keine Freunde."
„Ich habe Freunde", verteidigt sich Leon.
„Warum bist du dann nicht mit ihnen zusammen?"
„Weil ich manchmal lieber allein bin."
„Manchmal ist gut", seufzt Mama.

Text aus: Lesedetektive. Eins zu null für Leon

Auf was Sie achten sollten:

Bereiten Ihrem Kind einzelne Buchstaben Mühe? Verwechselt es ähnlich aussehende Buchstaben wie d und b?

■ Suchen Sie fünf Wörter, die mit d anfangen (dick, du, da, dort …). Wiederholen Sie die Wörter am nächsten Tag. Dann erstellen Sie eine Liste mit Wörtern, die ein d im Wortinneren haben (entdecken, anders, finden, Freunde ...). Erst wenn Ihr Kind den Buchstaben d sicher beherrscht, erarbeiten Sie auf dieselbe Art das b.

Welche Wörter bereiten Ihrem Kind Schwierigkeiten? Sind es besonders lange oder seltene Wörter?

■ Diese Wörter sollten zunächst lautiert, nicht buchstabiert werden (also b ist nicht „bee", sondern „b", f ist nicht „eff", sondern „f"), bevor sie erneut gelesen werden.

Vielleicht lässt Ihr Kind Wörter aus?

■ Weisen Sie es darauf hin, wenn es ein Wort ausgelassen hat. Danach sollte es den vollständigen Satz noch einmal lesen.

Überschlägt Ihr Kind Zeilen?

■ Dann sollte es unbedingt ein Leselineal beim Lesen benutzen, damit es sich besser auf die einzelnen Zeilen konzentrieren kann (siehe Seite 11).

Vergisst Ihr Kind Endungen?

■ Achten Sie darauf, dass Wörter vollständig gelesen werden. Weisen Sie Ihr Kind auf die fehlenden Wortteile hin. Danach fordern Sie es auf, den Satz noch einmal zu wiederholen.

Hat Ihr Kind Mühe, sich in einem mehrmals gelesenen Text zurechtzufinden?

■ Bitten Sie Ihr Kind, den Text in richtiger Reihenfolge zusammenzufassen.

Wenn Schwierigkeiten auftreten

Falls Ihr Kind bei mehr als drei der nebenstehenden Punkte Schwierigkeiten hat, beherrscht es die Lesetechnik noch unzureichend.

Versuchen Sie, jeden Tag fünf Minuten mit Ihrem Kind zu lesen. Achten Sie bei der Wahl des Textes auf eine große Schriftart, kurze Sätze und eine übersichtliche Gestaltung.

Es ist zunächst nicht wichtig, was Ihr Kind liest. Vielmehr sollte das gewählte Thema seinen Neigungen und Interessen entsprechen. Auch Comics können ein erster Zugang zu Büchern sein.

Regelmäßiges Lesen ist wesentlich wichtiger, als ein ganzes Buch am Wochenende „durchzuarbeiten". Sie werden sehen: Bei konsequentem Training verbessert sich der Lesefluss Ihres Kindes erheblich.

Texte verstehen

Informationen entnehmen: Kinderalltag

Lies den Text.

Anne und der geheimnisvolle Schlüssel
Eines Tages findet Anne in einer Pfütze einen
geheimnisvollen Schlüssel.

Eins, zwei – hoppla, was ist denn das?
So etwas hat Anne ja noch nie gesehen!
Eine Pfütze, die aussieht, als hätte jemand
schillernde Regenbogenkreise auf die
Wasseroberfläche gemalt.

Die Pfütze sieht tief aus, geheimnisvoll – jedenfalls
kann man nicht bis auf den Grund schauen,
weil es obendrauf so bunt schillert.

Ob für Regenbogenpfützen das Gleiche gilt wie für das Ende des Regenbogens? Findet man in Regenbogenpfützen auch einen Schatz?
Anne schaut sich um und sucht nach einem Ast. Unter dem Kastanienbaum findet sie einen und stochert damit in der Regenbogenpfütze. Tief ist sie nicht, aber sie birgt eine Überraschung: Als Anne den Ast wieder hochhebt, hängt ein Schlüssel daran.

„Ein Regenbogenschlüssel!", flüstert Anne begeistert und betrachtet den verschnörkelten Schlüssel. Er ist ziemlich groß. Viel, viel größer als ihr Haustürschlüssel. Und er hat einen wunderschön geschwungenen Bart.
So einen Schlüssel hat Anne noch nie gesehen.

Text aus: Lesedetektive. Anne und der geheimnisvolle Schlüssel

Zeichne den Schlüssel in die Schatztruhe.

Wenn du fertig bist, darfst du Seite 38 aufschlagen.
Dort siehst du Annes Schlüssel.

Lies den folgenden Text.

„Jetzt muss ich nur noch herausfinden, wozu der passt", denkt Anne. Zu einer normalen Haustür sicher nicht. Vielleicht zu einer Schatztruhe? Oder zu einem Turm mit einer verzauberten Prinzessin? Vielleicht passt er ja zum Tor vom Feengarten? So nennt Anne den verwilderten Garten hinter der hohen Buchsbaumhecke.

Text aus: Lesedetektive. Anne und der geheimnisvolle Schlüssel

Hast du eine andere Idee, wozu der Schlüssel passen könnte?

Schreibe sie auf.

_____

_____

_____

_____

_____

_____

Weißt du, wie ein Schlüssel funktioniert?

Hier kannst du es nachlesen.

Schlüssel

Jeder Schlüssel hat auf der Schmalseite kleine Zacken – auch „Schlüsselbart" genannt. Diese Zacken sehen bei jedem Schlüssel anders aus und sind immer genau an das zugehörige Schloss angepasst.

Steckt man den Schlüssel ins Schloss, sitzen die Zacken genau unter den kleinen Metallstiften des Schlosses und drücken sie beiseite. Die Zacken des richtigen Schlüssels heben die unteren Hälften der Metallstifte an, die mit Federn verbunden sind. Jetzt lässt sich der Schlüssel drehen und das Schloss öffnet sich.

Text aus: Der Kinderbrockhaus. Technik

Beschrifte die Zeichnung mit den folgenden Begriffen:

— Schlüsselbart
— Schloss
— Metallstifte
— Federn

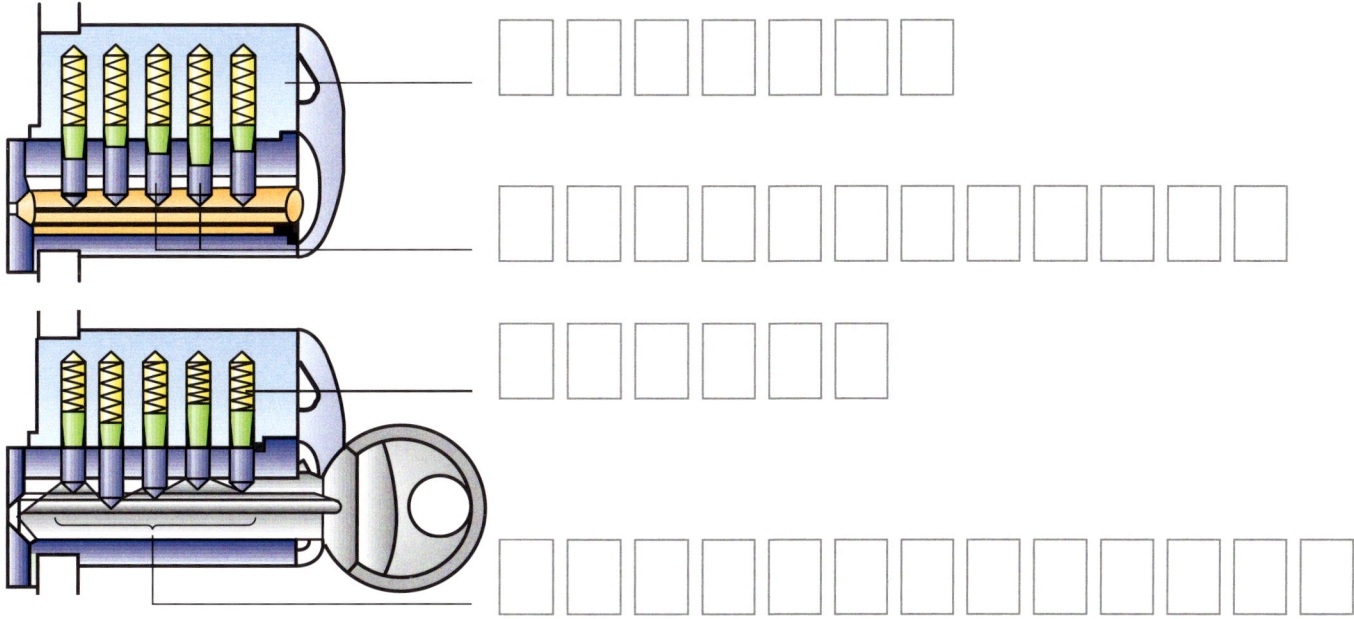

Diese Art von Schlössern nennt man Sicherheitsschloss. Sie werden in Türen, Vorhängeschlössern oder auch in Autos verwendet.

Willst du mehr über den geheimnisvollen Schlüssel wissen?

Dann lies den folgenden Text.

Anne auf dem Weg in den Zoo

Anne zeigt den Schlüssel Frau Otawarko. Die alte Dame meint, dass der Schlüssel zu einem Käfig passt. Ihr Mann war nämlich Zoodirektor und hatte einige Schlüssel, die ganz ähnlich aussahen. Anne will wissen, ob Frau Otawarko recht hat und fährt in den Zoo. Dort sieht sie viele Tiere.

Denke dir ein Fantasietier aus (Krokofant, Paparaffe, Pferdepfau …) und male es.

Weißt du, nach welchen Tieren in den Rätseln gefragt wird? Male den Rahmen des Rätsels und der Lösung jeweils in derselben Farbe aus.

Es hat vier Beine. Man kann darauf reiten.

Es legt Eier. Es benutzt gerne seinen Schnabel, wenn es klettert.

Es isst Fleisch. Es endet mit dem Buchstaben „r".

Es ist ein Säugetier. Es hat ein gescheckstes Fell und einen langen Hals.

Es hat Federn. Es kann nicht gut fliegen.

W-Fragen: Als Detektiv unterwegs

Lies den Text über Kommissar Bolle durch.

Detektiv Bolle löst den Fall

Wie jeden Tag betrat Detektiv Bolle auch an diesem Morgen schlecht gelaunt sein Büro. Wortlos ging er an seinem Kollegen vorbei, der ihn freundlich grüßte.

„Bestimmt habe ich heute wieder keinen Fall zu lösen", dachte Detektiv Bolle grimmig und hängte seinen Hut über den alten Garderobenständer.

„In unserer Stadt ist wirklich der Hund begraben!" Da klingelte das Telefon. Detektiv Bolle schreckte zusammen. Unerhört! Er hatte noch keinen Kaffee getrunken! Schon wurde er gestört.

„Detektiv Bolle", meldete er sich mit tiefer Stimme.

„Häusler hier. Kommen Sie schnell, Herr Bolle", rief eine aufgeregte Frauenstimme am anderen Ende der Leitung. „Bello ist verschwunden. Er ist bestimmt entführt worden."

Kurze Zeit später stand Herr Bolle im Garten von Frau Häusler.

„Wer ist verschwunden?", fragte er Frau Häusler.

„Mein Hund Bello", antwortete sie besorgt. „Er hat den Garten bewacht und jetzt ist er nicht mehr da."

„Wo war Bello zuletzt?", fragte Herr Bolle weiter.

„Na hier, im Garten. Bello saß vor seiner Hütte."
Frau Häusler zog ihr Taschentuch aus der Jacke
und schnäuzte sich laut.

„Wann war das?", setzte Herr Bolle seine
Befragung fort.

„So gegen 7.00 Uhr heute Morgen", erwiderte
Frau Häusler.

„Was ist bloß passiert?", fragte Herr Bolle weiter.

„Das weiß ich doch nicht!", rief Frau Häusler
verzweifelt.

„So, so, das wissen Sie also nicht", entgegnete
Herr Bolle. Bei den letzten Worten holte er seine
Lupe aus der Jacke und untersuchte die Spuren,
die von der Hundehütte wegführten. Mit dem
Vergrößerungsglas vor dem Auge folgte er den
Abdrücken von Bellos Pfoten. Bereits nach kurzer
Zeit kam Herr Bolle mit dem Hund zurück. Frau
Häusler war überglücklich und kochte dem
Detektiv den besten Kaffee, den er je in
seinem Leben getrunken hatte.

Was hat Bello gemacht? Schau dir das Bild an.

Schreibe deine Antwort auf. Klar in die Linien.

_____

_____

_____

_____

_____

_____

Was hat Herr Bolle Frau Häusler gefragt?

Unterstreiche die Fragen im Text.
Schreibe die Fragewörter auf.

1. _____

2. _____

3. _____

4. **W** _____

Fragewörter beginnen
mit **w**!

Wenn du einen Text entschlüsseln möchtest, gehe genauso wie ein Detektiv vor.

Stelle folgende Fragen:

Wer oder **was** spielt in dem Text eine Rolle?
Welche Personen, Tiere oder Sachen sind wichtig?

Wo spielt die Geschichte?
An welchen Orten spielt die Geschichte?

Wann spielt die Geschichte?
Gibt es Zeitangaben im Text?

Was passiert?
Welche Informationen erhalte ich?

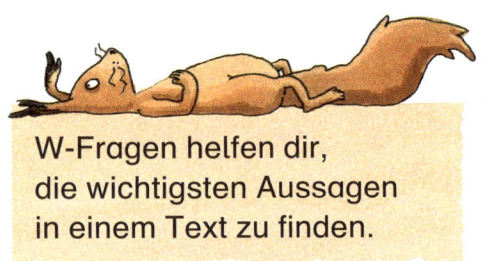

W-Fragen helfen dir, die wichtigsten Aussagen in einem Text zu finden.

Lies dir die W-Fragen zu der Geschichte
„Detektiv Bolle löst den Fall" durch.

Kreuze die richtige Antwort an.

Wer ist die wichtigste Person in der Geschichte?
○ Frau Häusler
○ Herr Bolle
○ der Kollege von Herrn Bolle

Wo spielt der wichtigste Teil der Geschichte?
○ auf der Straße
○ im Garten
○ im Büro

Wann spielt die Geschichte?
○ abends
○ mittags
○ morgens

Was ist wichtig, um die Geschichte zu verstehen?
○ Herr Bolle ist schlecht gelaunt.
○ Herr Bolle findet einen vermissten Hund wieder.
○ Herr Bolle trinkt den besten Kaffee seines Lebens.

Fasse zusammen, was Detektiv Bolle erlebt hat.

Die Antworten auf die W-Fragen von Seite 45
helfen dir dabei.

_____

_____

_____

_____

_____

_____

_____

_____

_____

_____

_____

Kennst du das Fragebogenspiel?

Lies die Anleitung und du kannst es mit deinen
Freunden spielen.

Fragebogenspiel
Das Spiel gibt es schon seit mehr als 100 Jahren.
Ein Spieler liest nacheinander Fragen vor wie:

Woher kommst du?
Wo möchtest du leben?
Was möchtest du später einmal werden?
Wie heißt dein Lieblingstier?
Was ist deine Lieblingsfarbe?
Wie heißt dein Lieblingsbuch?
Was isst du am liebsten?
Wann bist du geboren?
Was kannst du besonders gut?
Was kannst du gar nicht gut?
Welche Musik hörst du gerne?
Wovor hast du Angst?
Worauf freust du dich besonders?

Die Mitspieler schreiben ihre Antworten auf einen
Zettel. Die Zettel werden gemischt und vorgelesen.
Wer hat welche Antwort gegeben?

Lies den Text durch.

Der Polizeihund

Bereits seit Anfang des 19. Jahrhunderts helfen Hunde der Polizei, Verbrecher zu fangen. Daran hat sich bis heute nichts geändert. Denn Hunde haben eine Begabung, die wir Menschen uns kaum vorstellen können: Sie können mit ihrer Nase rund eine Million Gerüche unterscheiden.

Wegen dieser Fähigkeit ist ein Hund für Menschen in vielen Bereichen eine große Hilfe: Ein Spürhund beispielsweise arbeitet bei der Polizei, weil er mit seiner Nase Drogen erschnüffeln kann. Deswegen werden Polizeihunde auch häufig an Flughäfen eingesetzt. Auch nach einem Erdbeben riecht ein Hund, an welchen Stellen Menschen unter den Trümmern begraben sind.

Die Nase sagt einem Hund, was für ihn genießbar ist und wo eine Gefahr auf ihn lauert. Denn jeder Geruch ist für einen Hund mit einer bestimmten Nachricht verbunden. Ähnlich wie ein Mensch Schilder liest, verbindet der Hund mit Düften viele verschiedene Informationen.

Lies jetzt die folgenden Fragen.

Suche im Text die Antworten heraus und unterstreiche sie.
Schreibe die Antworten auf:

Wer oder **was** spielt die Hauptrolle?

_____

Seit **wann** werden Hunde eingesetzt?

_____

Wo werden Hunde eingesetzt?

_____

Was können Hunde besonders gut?

_____

Lies folgenden Textanfang.

Spuren lesen
Detektive lösen ihre Aufgaben oft dadurch,
dass sie Spuren des Täters finden und diese
„lesen" können.
Es gibt drei wichtige Spurenarten.

Text aus: Duden Lesebuch 3

Überlege selbst: Welche Spurenarten hinterlässt
ein Täter am Tatort?

Schreibe sie auf.

1. _____

2. _____

3. _____

Auf der nächsten Seite erfährst du, ob deine
Vermutungen richtig sind.

Spurenarten

Fußspuren und Reifenspuren hinterlassen Abdrücke. In der Erde wird die Spur mit Gips ausgegossen. Sie wird so als Beweismittel haltbar gemacht. Spuren auf glatter Fläche werden fotografiert.

Fingerspuren sind ein sehr sicherer Beweis. Die Fingerkuppen haben Linien auf der Haut. Sie verlaufen bei jedem Menschen anders. Aber was ist, wenn der Verbrecher Handschuhe trägt? Oder wenn er die Fingerspuren gewissenhaft überall abwischt?

Jeder Täter lässt **genetische** Spuren am Tatort zurück. Das kann ein winziges Hautstückchen, ein Haar oder ein Lippenabdruck an einem Glas sein. Von allen Menschen, die als Täter infrage kommen, untersucht das Labor eine Speichelprobe. Das Ergebnis wird mit der Genspur vom Tatort verglichen. Das ist die sicherste Methode, einen Täter zu überführen. Jeder Mensch hat nämlich seine eigene Genspur. Man spricht auch vom genetischen Fingerabdruck.

Text aus: Duden Lesebuch 3

Richtig oder falsch? Kreuze an.

Die Technik des Fingerabdrucks als Beweismittel beruht auf dem Nachweis von Schmutzspuren.

Richtig   O
Falsch   O

Antwort

Aus der Unterseite der Fingerspitzen wird ständig Schweiß abgesondert. Dadurch entsteht bei der Berührung von Gegenständen ein Abdruck, der bei jedem Menschen verschieden ist. Die Aussage „Die Technik des Fingerabdrucks beruht auf dem Nachweis von Schmutzspuren" ist also falsch.

Text aus: Das 100 Fragen Quiz zur Allgemeinbildung. Erfindungen

Willst du selbst einen Fingerabdruck nehmen?

Wenn du weiterliest, erfährst du, wie du es machst.

Fingerabdrücke nehmen

Fingerabdrücke sichtbar zu machen ist leicht. Drücke deinen Daumen auf eine Glasplatte. Trage mit einem weichen Pinsel etwas Grafitstaub, den man in jeder Eisenwarenhandlung bekommt, auf. Das feine schwarze Pulver bleibt an den Leisten des Fingerabdrucks hängen. Das überschüssige Pulver bläst du einfach weg. Nun presst du ein Stück Klebestreifen auf den Abdruck, nimmst den Film wieder ab und klebst ihn sofort auf ein weißes Papier. Alle Einzelheiten des Fingerabdrucks sind nun zu erkennen.

Text aus dem „Experimentearchiv" auf www.kinderbrockhaus.de

Vergleiche deinen Fingerabdruck mit dem eines Freundes. Welche Unterschiede findet ihr?

Unbekannte Wörter klären: Der Weltraum

Lies zunächst den Text.

Was geschieht in einem Observatorium?
In Observatorien beobachten Wissenschaftler den Sternenhimmel. Sie versuchen dabei herauszufinden, wie die Sterne entstanden sind, wie sie aussehen und wie sie sich verändern.
Die meisten Observatorien liegen hoch oben im Gebirge, weil hier die Luft am klarsten ist und kaum Licht von den Städten stört. Die Luftschicht der Erde verändert aber immer das Bild.

Text in Anlehnung an: Der Kinderbrockhaus in einem Band

Viele Wörter, die du nicht kennst, kannst du bestimmt aus dem Zusammenhang erschließen. Wenn du nicht weiterkommst, hilft dir ein Wörterbuch.

Weißt du jetzt, was ein Observatorium ist?
Dann kreise das richtige Wort ein.

Raumfähre   Sternwarte

Gebirgszug

Rakete   Umlaufbahn

Lies den Text und überlege, welches Wort fehlt.

Schreibe es unter den Text auf die Linie.

Bei einem Aufenthalt außerhalb des Raumschiffs muss sich ein Astronaut gut schützen. Im direkten Sonnenlicht wird es bis zu 1200 °C heiß. Außerdem gibt es im Weltraum keine Luft zum Atmen und ohne Luftdruck würde der Körper der Astronauten schmerzhaft anschwellen. Vor all diesen Gefahren schützt der ???. Er besteht aus mehreren Schichten robusten, luftdichten Materials. Eine spezielle Unterwäsche für den ganzen Körper ist mit kleinen Schläuchen durchzogen, in denen Kühlflüssigkeit fließt. Die äußere Schicht des ??? ist so widerstandsfähig, dass sie auch dem Beschuss von winzigen Meteoriten standhält. Der Astronaut atmet im ??? reinen Sauerstoff.

Text aus: Der Kinderbrockhaus. Technik

Gemeint ist ein  .

Lies den Text und unterstreiche die Wörter,
die du nicht kennst.

Mond

Der Mond ist im Weltall unser nächster Nachbar.
Wir bezeichnen ihn auch als unseren Satelliten,
weil er sich um die Erde dreht. Der Mond
entstand wahrscheinlich, als ein Kleinplanet vor
4,3 Milliarden Jahren auf die noch glühende Erde
aufschlug. Er riss riesige Gesteinsmengen ins
Weltall, aus denen schließlich der Mond hervor-
ging.
Ganz am Anfang bestand der Mond aus geschmol-
zenem Gestein. Als er langsam abkühlte, bildete
sich außen eine harte Kruste.
Der Mond ist eine trockene, unbelebte Welt, die
von keiner Lufthülle umgeben ist. Die Schwerkraft
des Mondes beträgt nur ein Sechstel der auf der
Erde gewohnten Schwerkraft.
Amerikanische Astronauten landeten 1969 auf dem
Mond.

Die Oberfläche des Mondes ist von Kratern übersät. Sie stammen von Gesteinsbrocken, die vor Milliarden von Jahren auf den Mond aufschlugen. Daneben erkennt man mit bloßem Auge oder auf Fotografien ausgedehnte dunkle Gebiete, die wir Ebenen oder Meere nennen. Früher glaubten die Astronauten nämlich, es gebe auf dem Mond große Wasserflächen.

Text aus: Der Kinderbrockhaus in einem Band

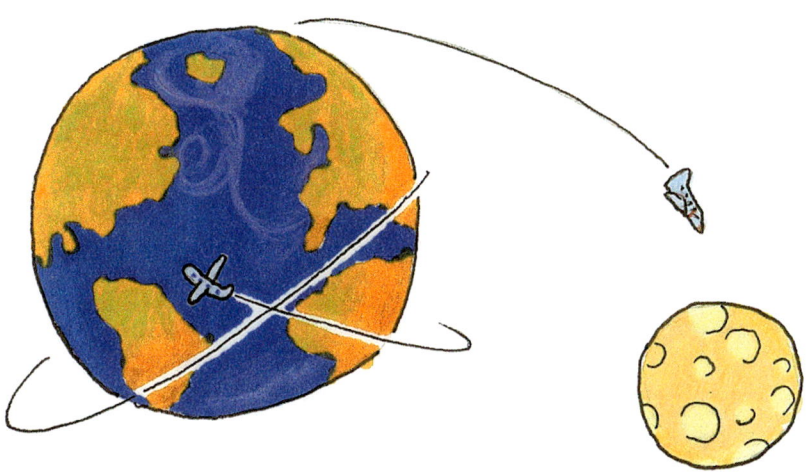

Wie kannst du die Bedeutung der unbekannten Wörter aus dem Text „Mond" herausfinden?

Wähle bei jedem Wort eine der folgenden drei Möglichkeiten.

1. Schaue dir zuerst die Umgebung des Wortes an. Vielleicht wird aus dem Textzusammenhang klar, was gemeint ist.

2. Kannst du das Wort in seine Bestandteile „zerlegen"?
Beispiel:
Gesteinsmengen = Gestein und Menge, eine Menge Gestein: eine große Anzahl Steine.

3. Kommst du so nicht weiter, schlage im Wörterbuch nach.

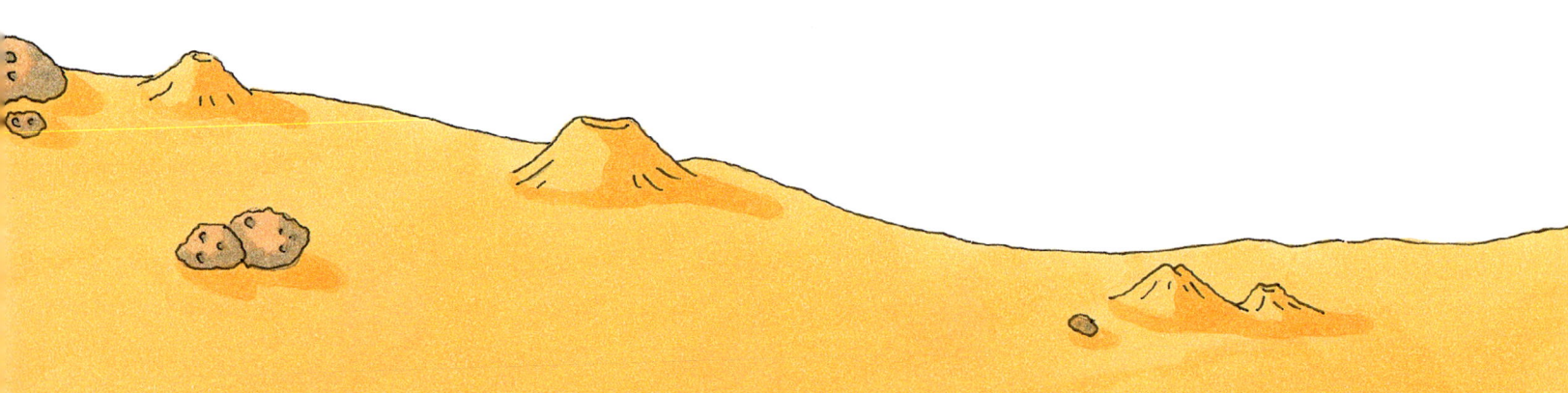

Trage die von dir unterstrichenen Wörter
in die Liste ein. Schreibe ihre Bedeutung daneben.

Unbekannte Wörter	Bedeutung

So findest du die Bedeutung
unbekannter Wörter heraus:

1. den Textzusammenhang
   klären,
2. das Wort in seine
   Bestandteile zerlegen,
3. das Wort im Lexikon
   nachschlagen.

Lies den Text.

Der erste Mensch auf dem Mond
Im Rahmen der Mission Apollo 11 landeten am
20. Juli 1969 um 21.17 Uhr die beiden ersten
Menschen auf dem Mond. Einer davon war
Neil Armstrong. Als er seinen Fuß auf den Mond
setzte, sagte er: „Dies ist ein kleiner Schritt für
einen Menschen, aber ein großer Sprung für die
Menschheit."

Stelle dir vor, du landest auf dem Mond.

Beschreibe, was du fühlst, siehst und denkst.

Federnd berührt mein Fuß den Boden. Ich stoße
mich ab und schwebe einige Meter weit, bevor
ich den linken Fuß aufsetze. Um mich herum ist
eine zerklüftete Landschaft. Tiefe Krater _____

_____

_____

_____

_____

_____

_____

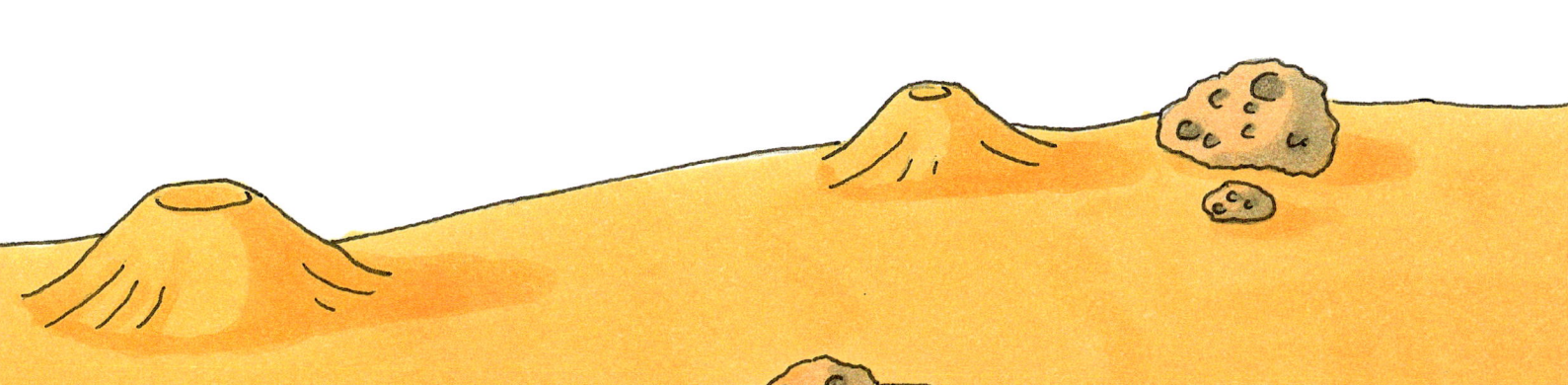

Textstellen kennzeichnen: Im Wald

Lies den Text und die dazugehörigen Fragen auf der nächsten Seite.
Lies den Text dann ein zweites Mal und <u>unterstreiche</u> dabei die Stellen, die du für deine Antworten brauchst.

Waldsterben

Seit ungefähr 1978 beobachten Förster, dass sich die Nadeln und Laubblätter von immer mehr Bäumen braun färben und verdorren. Die Bäume werden lichter und sind nach ein paar Jahren tot. Auch die Wurzeln dieser Bäume sind schwer geschädigt und haben alle feinen Wurzelhaare verloren. Dieses Waldsterben betraf anfangs nur Tannen- und Fichtenwälder. Heute sind ebenfalls Laubbäume wie Buchen und Eichen betroffen. Der Grund für das Waldsterben liegt ohne Zweifel in der Luftverschmutzung. Eine große Rolle spielt der saure Regen. Er bewirkt, dass auch der Boden sauer wird. Dadurch löst sich zum Beispiel giftiges Aluminium, das die Wurzeln zerstört. Die Nadeln und Blätter leiden direkt unter dem sauren Regen, denn dieser entzieht ihnen wichtige Mineralstoffe. Am Ende vertrocknet der Baum. Die Stickoxide, die in den Autoabgasen enthalten sind, tragen zum sauren Regen und zum sommerlichen Smog bei.

Text aus: Der Kinderbrockhaus in einem Band

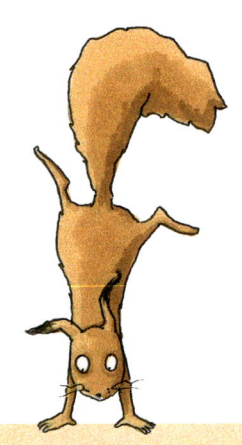

Unterstreiche nur wenige Wörter. Zu viele Hervorhebungen verwirren nur. Wörter, die du nicht kennst, solltest du vorher im Wörterbuch nachschlagen.

Welche Teile der Bäume färben sich braun?

_____

Was ist außerdem schwer beschädigt?

_____

Welche Wälder sind mittlerweile betroffen?

_____

Worin liegt der Grund des Waldsterbens?

_____

Wodurch werden die Wurzeln zerstört?

_____

Was entzieht der saure Regen den Nadeln und Blättern?

_____

Wie stirbt der Baum am Ende?

_____

Was ist in Autoabgasen enthalten?

_____

==Markiere== die wichtigsten Stellen im Text. Achte darauf, dass du nie mehr als zwei zusammenhängende Wörter markierst.

Regenwald

Der Regenwald wächst nur in ==tropischen Gebieten== mit gleichmäßig hoher Temperatur und regelmäßigen, meist täglichen Regengüssen. Er ist der üppigste Wald, den es auf der Erde gibt. Meistens stellt man sich den Regenwald als dichten, undurchdringlichen Dschungel vor. Das ist aber nicht richtig. Er ist ein äußerst dichter Hochwald. Am Boden ist es sehr dunkel; Unterholz und Kräuter sind kaum vorhanden. Dafür sind die Bäume sehr hoch. Hunderte von Baumarten bilden den Wald und nicht nur einige wenige wie bei uns.
Andere Pflanzen wachsen auf den Ästen und Rinden der Bäume, weil sie nur auf diese Weise etwas Licht bekommen. Die größten Regenwälder gibt es heute noch am Amazonas, am Kongo in Zentralafrika und auf der Insel Borneo. Leider werden sie zunehmend abgeholzt. Damit zerstören die Menschen einen unersetzlichen Lebensraum, der die ganze Erde abkühlt. Die Rodungen des Regenwaldes werden das Klima der ganzen Welt verändern. Ist ein Regenwald einmal abgeholzt, wächst kein Regenwald mehr nach, sondern oft nur trockenes Gestrüpp.

Text aus: Der Kinderbrockhaus in einem Band

Schreibe die Wörter auf, die du markiert hast.

tropische Gebiete,

Fasse nun die wichtigsten Informationen aus dem Text „Regenwald" zusammen.

Gebrauche dabei die Wörter, die du notiert hast.

_____

_____

_____

_____

_____

Ein Mitspieler schreibt ein witziges oder seltenes Wort (Monsterklo, Fliegenpilz, Häkelnadel …) auf einen Zettel und knickt ihn um. Dann schreibt der nächste Spieler ein Wort auf und knickt das Blatt wieder so um, dass der andere das geschriebene Wort nicht sieht. Nach sechs Wörtern faltet ihr den Zettel auseinander. Erfindet eine Geschichte, in der alle sechs Wörter vorkommen.

_____

_____

_____

_____

_____

_____

Wie sieht ein Regenwald aus?
Male die Zeichnung zu Ende.

Lies den Text durch.

Der Wald als Lebensraum
Überall auf der Welt, wo ausreichend Regen fällt,
wachsen Wälder. Sie bedecken fast ein Drittel
der gesamten Landfläche. Sie liefern Sauerstoff
und speichern Feuchtigkeit. Manche Wälder sind
undurchdringliche Urwälder. In anderen erkennt
man den Einfluss des Menschen zum Beispiel
daran, dass Bäume gefällt und Waldwege angelegt
werden.

In den europäischen Mischwäldern leben viele
große und kleine Tiere. Einige haben fast keine
natürlichen Feinde mehr, da die großen Raubtiere
wie Bären und Wölfe selten geworden sind.
Deshalb müssen Jäger dafür sorgen, dass der
Wildbestand nicht zu groß wird. Im Winter achten
Förster darauf, dass das Wild mit Nahrung versorgt
ist. Während die einen sich füttern lassen,
sammeln andere ihren Wintervorrat selbst, zum
Beispiel Eichhörnchen. Und wieder andere Tiere
verschlafen die Winterzeit einfach.

Text aus: Der Kinderduden

Es gibt drei Arten, Wörter
hervorzuheben:

1. unterstreichen,
2. mit Farbstift oder
   Textmarker markieren,
3. einkreisen.

Lies den Text jetzt noch einmal durch und
kreise in jedem Satz die wichtigsten Wörter ein.

Tatsache oder Meinung: Sport

Der Satz „Die Olympischen Spiele finden alle vier Jahre statt." ist eine Tatsache, die bewiesen werden kann. Denn es gibt Fotos, Berichte, Augenzeugen und vieles mehr, das diese Aussage bestätigt.

Der Satz „Die Olympischen Spiele sind total klasse." ist eine Meinung. Es gibt Menschen, die die Olympischen Spiele mit Begeisterung verfolgen. Es gibt aber auch Menschen, die die Olympischen Spiele überflüssig und langweilig finden.

Tatsachen können bewiesen werden. Meinungen beruhen auf Erfahrungen.

Unterstreiche alle Tatsachen rot und
Meinungen blau.

Fußball

Leon erklärt seiner Cousine Jane aus Amerika die
wichtigsten Fußballregeln.

„Fußball ist der tollste Sport, den es überhaupt gibt.
Alle Jungen mögen Fußball.

Beim Fußballspielen kämpfen zwei Mannschaften
mit elf Spielern darum, den Ball möglichst oft in das
gegnerische Tor zu treten.

Die deutsche Mannschaft hat übrigens die
stärksten Stürmer auf der ganzen Welt.

Der Ball darf von den Spielern nur mit den Beinen
und dem Kopf berührt werden.

Nur der Torwart darf den Ball auch mit den Händen
anfassen.

Ein Schiedsrichter passt auf, dass die Spieler die
Regeln einhalten.

Ein Spiel besteht aus zwei Halbzeiten.

Ein Fußballspiel dauert 90 Minuten.

Beim Fußballspielen gibt es internationale Turniere
wie die Weltmeisterschaft.

Wenn ich groß bin, werde ich in der Bundesliga als
Verteidiger spielen."

Was ist eine Tatsache? Was ist eine Meinung?
Kreuze an.

	Tatsache	Meinung
1. Wenn ich gut skaten kann, bin ich bei allen beliebt und habe viele Freunde.		
2. Durch unebene Fahrbahnen erhöht sich die Gefahr, beim Skaten hinzufallen.		
3. Skaten ist der ideale Sport für alle!		
4. Wer Rollschuhfahren kann, kann auch, ohne zu üben, richtig gut Inlineskaten.		
5. Die richtige Ausrüstung (Helm, Handgelenkschoner und Knieschoner) verringert die Verletzungsgefahr.		
6. Inlineskater sind völlig rücksichtslos und fahren kleine Kinder einfach um.		

	Tatsache	Meinung
7. Regelmäßiges Inlineskaten ist ein guter Ausdauersport.		
8. Inlineskaten ist die totale Zeitverschwendung.		
9. In zwei Jahren ist Inlineskaten völlig aus der Mode.		
10. Es ist verboten, mit Inlinern mitten auf der Straße zu fahren.		
11. Inlineskaten macht mehr Spaß als Rollschuhfahren.		
12. Mädchen sind beim Inlineskaten geschickter als Jungen.		

Schaue dir das Bild auf der linken Seite an.
Schreibe zwei Tatsachen und zwei Meinungen
dazu auf.

Beispiel für eine Tatsache
Ich weiß, dass das Mädchen einen grünen Pullover
trägt.

Ich weiß, dass _____

_____

Ich weiß, dass _____

_____

Beispiel für eine Meinung
Ich glaube, dass das Mädchen gerne Pferdebücher
liest.

Ich glaube, dass __ _____

_____

Ich glaube, dass _____

_____

Übrigens merken wir uns Tatsachen am besten, wenn wir sie kaum glauben können.

Lies die folgenden Beispiele. Was kannst du dir alles merken?

Der Koala ist das faulste Tier der Welt: Es schläft täglich rund 20 Stunden.

Ein ausgewachsener Tintenfisch zwängt sich mühelos durch ein Loch von der Größe eines Zweieurostücks.

Der Weltrekord im Kirschkern-Weitspucken liegt bei 21,71 Metern.

Schluckauf haben bereits Ungeborene im Mutterleib.

Ein 11-jähriger Junge erfand 1905 versehentlich das Eis am Stiel, indem er ein Glas Limonade mit einem Löffel darin im Freien stehen ließ – über Nacht ist die Limo gefroren.

Elefanten wachsen ihr ganzes Leben lang.

In einer Gummibärchentüte gibt es viel mehr rote Bärchen als grüne, gelbe, weiße oder orange.

Leise Fürze stinken in der Regel tatsächlich mehr als laute.

Im Mittelalter hielt man sich beim Gähnen die Hand vor den Mund, weil man glaubte, dass Dämonen in den Körper hineinfahren könnten.

Schlage im Guinnessbuch der Rekorde eine Seite auf. Lies einem Freund einen Rekord vor. Du darfst einen Fehler einbauen. Dein Freund muss raten, ob du flunkerst oder nicht.

Zum Vorgehen

Es geht in diesem Abschnitt in erster Linie darum, ob Ihr Kind das Wesentliche des Textes versteht und wiedergeben kann.

Ihr Kind sollte genügend Ruhe und Zeit haben, sich mit dem Text „Wundermaschine Körper" zu befassen. Machen Sie es darauf aufmerksam, dass sich in Sachtexten viele Informationen befinden. Fordern Sie es auf, einen Satz mehrmals zu lesen und sich den Inhalt bildlich vorzustellen. Erklären Sie ihm, dass auch Erwachsene manche Texte mehrmals lesen müssen, um sie wirklich zu verstehen.

Um ein gutes Textverständnis für Sachtexte zu entwickeln, bieten sich übrigens kleinere Zeitungsartikel an. Fragen Sie Ihr Kind nach dem Lesen, was es verstanden hat, und ergänzen Sie die Antworten.

Die Aufgabe im Anschluss an den Text sollte Ihr Kind selbstständig bearbeiten. Wenn Ihr Kind unsicher ist, welche der vorgegebenen Aussagen stimmt, kann es im Originaltext nachschauen.

Wundermaschine Körper

Jeder Teil unseres Körpers hat eine ganz bestimmte Aufgabe. Das Herz zum Beispiel pumpt Blut durch unseren Körper und versorgt die Muskeln und Organe mit allem, was sie brauchen. Wenn wir Sport machen oder aufgeregt sind, schlägt das Herz schneller als sonst, weil der Körper mehr Energie verbraucht.
Manchmal ist unser Körper geschwächt. Dann werden wir krank. Vor einigen Krankheiten kann man sich durch eine Impfung schützen. Bei anderen Krankheiten helfen Medikamente.
Mit vielem wird unser Körper ganz allein fertig: Wenn man sich das Knie aufschürft, tut die Wunde zwar höllisch weh, aber man muss nicht unbedingt zum Arzt. Das Blut verkrustet und unter dem Schorf bildet sich neue Haut.
Manche Krankheiten oder Verletzungen kann unser Körper aber ohne ärztliche Hilfe nicht heilen. Ein gebrochener Arm muss geschient und eingegipst werden, damit der Bruch gerade zusammenwächst.

Text aus: Der Kinderduden

Unterstreiche die richtigen Aussagen.

- Jeder Teil unseres Körpers hat eine ganz bestimmte Aufgabe.
- Jeder Teil unseres Körpers hat viele unterschiedliche Aufgaben.

- Wenn wir aufgeregt sind, verbraucht der Körper mehr Energie.
- Wenn wir aufgeregt sind, verbraucht der Körper weniger Energie.

- Vor einigen Krankheiten kann man sich durch Impfungen schützen.
- Vor den meisten Krankheiten kann man sich durch Impfungen schützen.

- Wenn wir uns das Knie aufschürfen, verkrustet das Blut.
- Wenn wir uns das Knie aufschürfen, bildet der Körper sofort neues Blut.

- Ein gebrochener Arm muss eingegipst werden, damit der Bruch gerade zusammenwächst.
- Ein verstauchter Arm muss eingegipst werden, damit der Bruch gerade zusammenwächst.

Wenn Schwierigkeiten auftreten

Wenn Ihr Kind Schwierigkeiten hat, den Inhalt eines Textes zu erfassen, unterstützen Sie es folgendermaßen:

- Gliedern Sie Sätze in Sinnabschnitte.
- Kürzen Sie einzelne Sätze, sodass nur der Kern der Aussage erhalten bleibt.
- Ersetzen Sie weniger geläufige Wörter durch Wörter der Alltagssprache.
- Stellen Sie Satzglieder um, sodass einfache Strukturen entstehen.
- Stellen Sie eine Verbindung zwischen bereits vorhandenem Wissen und Textinhalt her.
- Sprechen Sie mit Ihrem Kind über das Gelesene.
- Bei starken Problemen: Lesen Sie Ihrem Kind einen Text zunächst vor, bevor Ihr Kind den Text selbst liest.
- Einigen Kindern hilft es, einen Text zunächst leise und erst im Anschluss laut zu lesen.

Erfolge beim sinnentnehmenden Lesen zeigen sich nicht von heute auf morgen. Haben Sie Geduld und freuen Sie sich auch über kleine Fortschritte.

Texte erarbeiten

Randnotizen: Unter Wasser

Manchmal verstehst du einen Text besser,
wenn du dir beim Lesen Randnotizen machst.
Das heißt, dass du am Rand eines Textes
– einige Stichwörter notierst oder
– eine Frage aufschreibst oder
– ein Ausrufungszeichen setzt.

Randnotizen ergänzen Unterstreichungen, die du
vorher gemacht hast. Ein Beispiel für Unterstreichungen und Randnotizen findest du auf der
folgenden Seite.

Wozu braucht der Tintenfisch die Tinte?

Wie kann man nur so blöde Fragen stellen? Aber das mit der Tinte ist wirklich <u>raffiniert</u>. Wenn sich ein Tintenfisch von einem Feind bedroht fühlt, sondert er aus seinem Tintenbeutel einen schwarzbraunen Farbstoff ab. Der verteilt sich im Wasser und hüllt den Tintenfisch kurzerhand in eine dunkle Wolke. Klarer Fall von <u>Vernebelungstaktik</u>! Seine Feinde, zum Beispiel Haie, Wale oder Robben, sehen ihn dann nämlich nicht mehr. Die Gelegenheit nutzt der Tintenfisch, um rasch <u>das Weite</u> zu suchen. Dazu saugt er Wasser ein, das er durch einen Trichter blitzschnell wieder ausstößt. Der Rückstoß <u>katapultiert</u> ihn in die entgegengesetzte Richtung. Der Trichter ist beweglich und kann nach vorne oder hinten gehalten werden. Deshalb können Tintenfische vorwärts und rückwärts schwimmen.

Text aus: Der Kinderbrockhaus. Kalender für clevere Kids 2006

raffiniert = geschickt?

Tinte = nebelt Tintenfisch ein
Schutz vor Feinden

Flucht möglich

katapultiert? (nachschlagen)

Lies den folgenden Text.

Lies ihn ein zweites Mal und mache Randnotizen.

Die wilde Welt der Pistolenkrebse

Wenn sich zwei Pistolen- oder Knallkrebse um ein Revier streiten, schießen sie aufeinander. Jedes Tier hat eine mächtige „Wasserspritzpistole", die aus einer dafür umgebauten Greifschere besteht. Durch einen besonderen Mechanismus erzeugen die fingerlangen Krebse einen Hochdruckwasserstrahl, der selbst die Scheibe eines Aquariums zertrümmern kann. Das funktioniert allerdings nur aus nächster Nähe. Die Duellanten halten deswegen einen Sicherheitsabstand von einem Zentimeter ein. So kann der Strahl keinen Schaden mehr anrichten. Ihre Wasserpistole setzen die Krebse vor allem ein, um Angreifer zu erschrecken. Aber sie betäuben damit auch kleine Fische, die sie anschließend verzehren.

Text aus: Der Kinderbrockhaus. Kalender für clevere Kids 2006

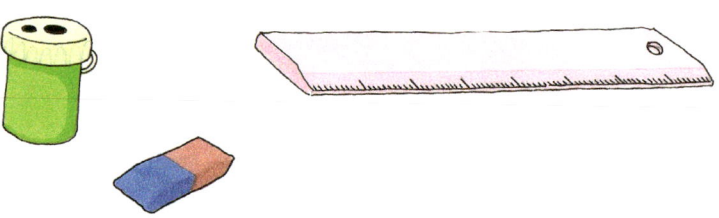

Jetzt wird es mörderisch!
Lies den Text durch und mache gleichzeitig
Randnotizen.

Gefahr unter Wasser:
Mordende Muscheln – gibt es das?
Die Mördermuschel gibt es wirklich. Sie ist jedoch
nicht mit den Muscheln zu vergleichen, die man
zum Beispiel an der Nordsee sammeln kann. Die
Mördermuschel kann bis zu 1,5 Meter lang und
200 Kilogramm schwer werden! Damit hält sie den
Größenrekord für Muscheln. Die Mördermuschel ist
in den Korallenriffen des Pazifischen und Indischen
Ozeans zu Hause. Sie ernährt sich von Kleinst-
lebewesen, die sie aus dem Wasser herausfiltert.
Dafür muss sie ihre beiden Schalen immer ein
Stück geöffnet lassen. Wenn sie sich gestört fühlt,
macht sie im wahrsten Sinne des Wortes die
Klappe zu. Und zwar so fest, dass sich ein
Taucher, der aus Versehen in den Spalt getreten
ist, nicht mehr aus eigener Kraft befreien kann!
Weil auf diese Weise schon Menschen umge-
kommen sind, heißt die Muschel Mördermuschel!

Text aus: Der Kinderbrockhaus. Kalender für clevere Kids 2006

Texte gliedern: Erfindungen

Der folgende Text „Vom Rad zum Auto" besteht aus drei Abschnitten.
Lies den Text und die vorgegebenen Überschriften durch.
Welcher Gedanke passt zu welchem Abschnitt?
Ordne die Überschriften zu und schreibe sie auf die entsprechende Linie.

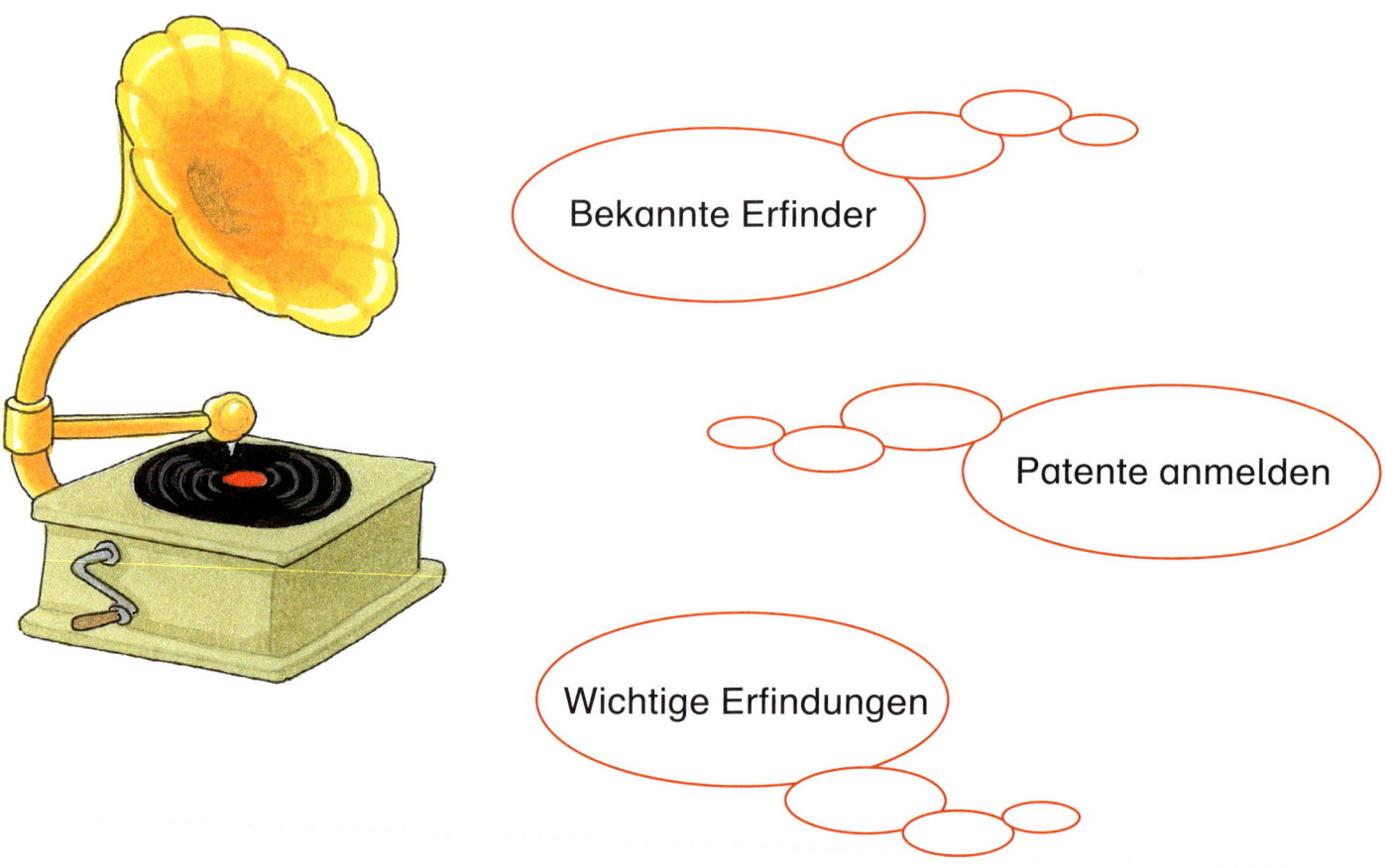

Vom Rad zum Auto

Die Namen der ersten Erfinder kennt niemand, obwohl ihre Erfindungen für uns alle unglaublich wichtig sind. Keiner weiß, wer zum Beispiel das Rad erfunden hat oder wer zum ersten Mal darauf kam, Ton zu brennen.

Manche Erfindungen scheinen zu einer bestimmten Zeit förmlich in der Luft zu liegen. So kommt es, dass nicht nur ein einzelner Erfinder die Idee hatte, das Telefon zu erfinden. Der Deutsche Philipp Reis versuchte schon 1861, Töne über weite Entfernungen zu übertragen. Doch Alexander Bell, ein Amerikaner, war der Erste, der mit seinem Telefon auch Geld verdiente. Er meldete 1876 ein Patent für seine Erfindung an.

Wer ein Patent anmeldet, lässt sich als Erfinder eintragen. Jeder, der diese Erfindung in Zukunft benutzen oder verkaufen will, muss an den Erfinder eine Gebühr zahlen.

Text aus: Der Kinderduden

Texte gliedern sich häufig in mehrere Teile. In den einzelnen Abschnitten eines Textes werden verschiedene Gedanken erklärt. Der Text „Erfindung" auf der nächsten Seite besteht aus drei Hauptgedanken:

1. Erfindungen von Tieren
2. Erfindungen von Menschen
3. Verbreitung von Erfindungen

Der Autor des Textes hat vergessen, an den Stellen einen neuen Abschnitt zu beginnen, an denen ein neuer Gedanke anfängt.

Setze in dem Text einen dicken Strich / an den Stellen, an denen ein neuer Abschnitt beginnt.

Erfindung

Nicht nur wir Menschen, sondern auch die Tiere machen Erfindungen. Findet ein Schmutzgeier zum Beispiel ein großes Ei, das er mit seinem Schnabel nicht öffnen kann, nimmt er einen Stein. Dann wirft er den Stein auf das Ei, damit es zerbricht. Schimpansen tunken Regenwasser mit zusammengepressten Blättern auf oder stochern mit einem eigens angefertigten Stäbchen in den Gängen von Termitenbauten. Die raffiniertesten Werkzeuge erfand jedoch der Mensch. Wer als Erster das Feuer besaß, die Axt und den Pflug erfand, wissen wir nicht. Diese Erfindungen wurden nämlich bereits in vorgeschichtlicher Zeit gemacht. Es ist sogar wahrscheinlich, dass so grundlegende Werkzeuge von verschiedenen Völkern entwickelt wurden. Erfindungen breiten sich nur dann aus, wenn sie auch wirklich gebraucht werden. Das Rad zum Beispiel kannten und verwendeten fast alle Völker. Die südamerikanischen Maya, die eine sehr hohe Kultur besaßen, verwendeten es jedoch nicht, weil auf ihren gebirgigen Straßen und Wegen kein Bedarf danach bestand.

Text aus: Der Kinderbrockhaus in einem Band

Kennst du einen Erfinder und möchtest mehr über ihn erfahren? Dann schau einmal im Internet nach.

Lies den Text. Schreibe an den Rand, was du über die folgenden Dinge erfährst:
– Fernrohr,
– Pfeife,
– Leine.

Eine ganz besondere Erfindung

Jan und Lukas suchen einen Hund. Der Erfinder Hermann Lampe hilft ihnen dabei. Er entwickelt eine ganz besondere Maschine, die er aus Blechen und Nägeln zusammenbaut.

„Das ist ein Hunde-Such-Apparat", erklärt Hermann Lampe.

„Sieht aus wie ein Helm", findet Jan.

Hermann Lampe lacht. „Stimmt! Aber wie ein Spezialhelm!"

Jetzt erkennen die Detektive: An dem Helm ist ein Fernrohr befestigt. An dem Fernrohr ist eine Pfeife befestigt. Und an der Pfeife ist eine Leine befestigt. Lukas setzt sich den Helm auf.

„Ich kann durch das Fernrohr schauen, ohne es festzuhalten", ruft er begeistert. „Und pfeifen!"
Er pfeift.

„Man hört ja gar nichts", sagt Jan enttäuscht.

„Das ist ja auch eine Spezialpfeife", erklärt
Hermann Lampe. „Sie erzeugt Töne, die nur Hunde
hören können."

Jan und Lukas betrachten die Pfeife. „Toll!", sagen
sie.

„Und die Leine?", fragt Jan. „Was soll die hier?"

„Das ist eine Duftleine."

Die Detektive schnuppern an der Leine.

„Noch riecht sie nicht", sagt Hermann Lampe.

„Ihr müsst sie erst hiermit einreiben."

Er gibt Jan ein paar Hundekuchen.

„Und wie funktioniert der Apparat?", will Lukas
wissen.

„Ganz einfach", sagt Hermann Lampe.

„Einer setzt den Helm auf, schaut durch das Fernrohr und pfeift."

„Und wenn der Hund kommt", ruft Jan, „legt der
andere ihn an die Leine! Die riecht so gut, das geht
ganz leicht."

Text aus: Lesedetektive. Auf der Suche nach dem verschwundenen
Hund

Wie sieht die Erfindung von Herrn Lampe aus?
Zeichne sie.

Jetzt bist du dran!

Überlege dir ein Instrument,
das es noch nicht gibt, und beschreibe es.

Meine Erfindung

Viele Erfinder haben ein Notizbuch, um ihre Ideen jederzeit aufschreiben oder aufzeichnen zu können. Trage auch ein Notizbuch mit dir und schreibe deine Einfälle und Gedanken hinein.

_____

_____

_____

_____

_____

_____

_____

_____

_____

_____

_____

Überschriften: Essen und Trinken

Was erwartest du von einem Text mit der Überschrift „Guten Appetit"?

Schreibe deine Gedanken auf, bevor du den Text liest.

_____

_____

_____

_____

Guten Appetit
Die Energie, die wir brauchen, damit wir denken, sprechen und uns bewegen können, nehmen wir mit der Nahrung auf. Wenn wir zu wenig Nahrung aufnehmen, sendet unser Körper uns eindeutige Signale. Dann bekommen wir nämlich Hunger oder Durst. Was wir essen, wenn wir Hunger haben, ist unterschiedlich. Manche mögen Schokolade, Eiscreme und Ketchup, andere essen lieber Müsli, frisches Obst und Salat.

Menschen, die ursprünglich aus anderen Ländern kommen und heute bei uns leben, haben ihre Lieblingsspeisen mitgebracht. Dadurch ist unser Speiseplan vielfältiger und bunter geworden. Nicht alle Lebensmittel, die wir kennen und gerne essen, werden auch bei uns angebaut. Reis kommt zum Beispiel aus Asien, Orangen werden aus Israel und Spanien zu uns gebracht und Kiwis aus Neuseeland und Italien. Den meisten Leuten ist es allerdings egal, woher ihr Obst kommt. Hauptsache, es schmeckt!

Text aus: Der Kinderduden

Vergleiche deine Erwartungen mit dem Text.

Was war anders? _____

_____

_____

_____

Was war gleich? _____

_____

_____

_____

Der Geist aus dem Würstchenglas

Der Aromageist Theodor war viele Jahre in einem Würstchenglas eingesperrt, bis er von Anton befreit wird. Als Dank hat Anton einen Wunsch frei …

Was könnte sich Anton vom Aromageist Theodor
gewünscht haben?

Schreibe die Geschichte weiter.

_____

_____

_____

_____

_____

_____

_____

_____

_____

_____

_____

Auf der nächsten Seite erfährst du, wie die
Geschichte von Anton und dem Aromageist aus
dem Würstchenglas weitergeht.

Lies den folgenden Ausschnitt über Theodor und Anton.
Überlege dir, wie die Erzählung enden könnte.
Schreibe die Überschrift zu deiner Geschichte auf die Linie.

Überschriften sollen den Leser neugierig machen!

_____

(für deine Überschrift)

Für Anton begann eine herrliche Zeit. Alle Nahrungsmittel, die irgendwer erfunden hatte, um Kinder wie ihn zu ärgern, schmeckten nach Wiener Würstchen: Glibberwurst und Stinkkäse, Oliven und Kapern, Kürbissuppe und Wirsingeintopf.
Anton machte sich einen Spaß daraus, alles zu verputzen und seine Eltern zu verblüffen.
Es stellte sich jedoch heraus, dass Anton im Würstchenfieber eines nicht so recht bedacht hatte: Nicht nur die ekligen Sachen schmeckten nach Wiener Würstchen, sondern alle anderen auch: Kuchen und Schokolade, Cornflakes und Gummibärchen, Bananen und Blaubeeren, ja, sogar Früchtetee und Apfelsaft.
Tag für Tag erinnerte er sich wehmütiger an die vielen Geschmäcker, die er verloren hatte.
Schließlich wurde er regelrecht wunderlich und trauerte sogar dem Aroma von Blumenkohl nach!

Text aus: Lesedetektive. Der Geist aus dem Würstchenglas

Was meinst du? Bekommt Anton seinen Geschmack
wieder?

Schreibe auf, wie die Geschichte endet.

_____

_____

_____

_____

_____

_____

_____

_____

_____

_____

_____

_____

Lesen in vier Schritten: Piraten und ferne Inseln

Lesen in vier Schritten heißt:
1. den Text lesen,
2. überlegen, was du schon über das Thema weißt,
3. unbekannte Wörter unterstreichen,
4. den Text zusammenfassen.

So knackst du jeden Text. Probiere es aus!

1. Schritt: Lies den Text.

Pirat

Piraten sind Seeräuber. Fast jede Nation mit Zugang zum Meer hatte ihre Piraten. Die berühmtesten unter ihnen fuhren im Auftrag ihrer eigenen Regierung: Sie besaßen einen sogenannten Kaperbrief. Das war ein offizieller Auftrag, die Schiffe feindlicher Länder zu erobern, auszurauben und dann zu versenken. Diese Piraten oder Korsaren lauerten den Schiffen auf und überfielen sie mit Messern oder Pistolen bewaffnet. Die Überfallenen wurden entweder getötet oder als Sklaven verkauft. Manchmal mussten sie auch Lösegeld bezahlen. Die Waren auf dem Schiff gehörten den Piraten und ihren Auftraggebern.

Einer der berühmtesten Piraten der Geschichte war der englische Admiral und Seefahrer Sir Francis Drake (1540 bis 1596).
Er unternahm als Freibeuter Fahrten nach Westindien, wo er die spanischen Kolonialhäfen plünderte, und zog auf Kriegsfahrten gegen die Spanier. Dabei umsegelte er als erster Engländer die Erde.
Ein berühmter Pirat ist auch der Freibeuter Klaus Störtebeker, der im Auftrag des schwedischen Königs arbeitete, aber auch auf eigene Faust Handelsschiffe in der Nordsee kaperte.
Nicht jeder Seeräuber arbeitete damals aber im Auftrag einer Regierung. Manche von ihnen waren gewöhnliche Verbrecher. Die Seeräuberei ist in den heutigen Tagen noch schlimmer als jemals zuvor. Jachten, Frachtschiffe und Riesentanker werden von Banden mit Maschinenpistolen und modernsten Kanonen entführt und geplündert. Am schlimmsten ist die Piraterie zurzeit in Südostasien und Westafrika.

Text aus: Der Kinderbrockhaus in einem Band

2. Schritt: Überlegen!

Was weißt du schon über Piraten?

_____

_____

_____

_____

Wenn du ein Wort nicht kennst und du nicht weiterkommst, hilft dir ein Lexikon weiter.

3. Schritt: Lies den Text ein zweites Mal. Unterstreiche die Wörter, die du nicht kennst. Was können sie bedeuten?

Wort	Bedeutung

4. Schritt: Fasse zusammen.
Was weißt du jetzt über Piraten?

_____

_____

_____

_____

_____

_____

_____

_____

_____

Bearbeite den Text „Wie eine Insel entsteht" nach der „Vier-Schritt-Lesemethode".

Wie eine Insel entsteht

Die Insel Hawaii ist nichts anderes als die Spitze eines riesigen unterseeischen Vulkans. Wenn ein Vulkan auf dem Meeresboden ausbricht, erkaltet die austretende glühende Lava beim Kontakt mit dem kühleren Meereswasser sofort. Immer wieder entstehen neue Inseln, indem sich solche Lavaberge bis über den Meeresspiegel auftürmen. An zwei Stellen kann man dieses Phänomen sogar beobachten: Der Vulkan vor der Inselgruppe Samoa im Pazifik bringt es heute schon auf einen Durchmesser von 35 Kilometern und eine Höhe von etwa 4300 Metern. Nur rund 500 Meter fehlen ihm noch bis zur Wasseroberfläche. Ein anderes, kleineres Exemplar wächst vor den Azoren in nur 200 bis 300 Meter Tiefe heran. Vielleicht werden unsere Urenkel ja einmal auf einer der neuen Inseln Urlaub machen …

Text aus: Der Kinderbrockhaus. Kalender für clevere Kids 2005

Das Lesen in vier Schritten, das auch die Vier-Schritt-Lesemethode genannt wird, bedeutet:

1. Text lesen,
2. überlegen,
3. unbekannte Wörter klären,
4. Text zusammenfassen.

1. Schritt: **Text lesen**

2. Schritt: **Überlegen!**

_____

_____

_____

_____

3. Schritt: _____

_____

4. Schritt: _____

_____

_____

_____

_____

_____

_____

_____

Lies die folgende Spielanleitung. Dann kannst du selbst Schiffe versenken spielen.

Schiffe versenken

Zwei Spieler zeichnen je zwei Felder auf kariertes Papier, 10 mal 10 Kästchen groß. An den Rand schreiben sie senkrecht die Zahlen von 1 bis 10, waagrecht die Buchstaben A bis J. In das linke Feld trägt man die eigenen Schiffe ein: einen Vierer (also vier Kästchen) und je zwei Dreier, Zweier und Einer. Im rechten Feld werden die „Schüsse" und die „Treffer" festgehalten, die man beim Gegner landet, zum Beispiel „A 9: Wasser" oder „F 7: Zweier angeschossen". Bei einem Treffer darf man noch einmal schießen. Wer als Erster alle Schiffe des Gegners versenkt hat, ist Sieger.

Text aus: Der Kinderbrockhaus. Kalender für clevere Kids 2006

Was könnte in der Schatzkiste sein?

Schreibe es auf.

_____

_____

_____

_____

_____

_____

_____

Zum Vorgehen

Geben Sie Ihrem Kind genug Zeit, den folgenden Text zu lesen.

Fordern Sie es dann auf, die Informationen, die der Text enthält, zu nennen. Folgende Fragen können Ihnen dabei behilflich sein: Welchen Beruf hat der Schiffbrüchige? Was erfährt der Leser über den Grund des Schiffbruchs? Wie sieht die neue Umgebung aus?

Dann stellen Sie sich gemeinsam mit Ihrem Kind vor, wie sich der Schiffbrüchige fühlt. Was hat der Schiffbrüchige gerade erlebt? Hat er Angst? Ist er verwirrt? Wie fühlt sich der Sand unter seinen Füßen an? Achten Sie darauf, dass Ihr Kind kurze, aber korrekte Sätze bildet. Wenn es bei den Antworten Satzteile auslässt, wiederholen Sie den Inhalt seiner Aussage in einem vollständigen Satz.

Die Aufgabe auf der gegenüberliegenden Seite sollte Ihr Kind anschließend allein bearbeiten.

(Für deine Überschrift)

Das Schiff fuhr nach Ostindien und ich hatte als Arzt nicht viel zu tun. Doch eines Nachts gerieten wir in einen fürchterlichen Sturm. Welch ein Unwetter zog über uns her! Nach mehreren Tagen Kampf gegen die Naturgewalten zerbrach die „Antilope" und versank. Was sollte jetzt aus mir werden? Ich trieb ohne Hoffnung auf Rettung allein auf den Wellen durch die dunkle Nacht. Da, plötzlich fühlte ich Grund unter meinen Füßen! Wo war ich? Ich stolperte durch den nassen Sand und betrat festen Boden. Nirgends sah ich Zeichen menschlichen Lebens. Nun, fürs Erste war ich gerettet! Beruhigt schlief ich ein.
Am nächsten Morgen wollte ich mich wohlig in der warmen Sonne rekeln. Doch was war das? Ich konnte mich nicht bewegen! Langsam versuchte ich, den Kopf aus seiner seltsamen Starre zu befreien. Nach Verlust mehrerer Haare konnte ich den Kopf wenigstens so weit bewegen, dass ich an mir hinunterschauen konnte. Ich war von Kopf bis Fuß gefesselt! Doch wer hatte dieses Kunststück vollbracht?

Text: „Gullivers Reise nach Liliput" nach Jonathan Swift

Unterstreiche, was du von dem Erzähler und seiner Lage erfährst. Was passiert mit dem Schiffbrüchigen?

Schreibe die Geschichte zu Ende.

_____

(Für deine Überschrift)

_____

_____

_____

_____

_____

_____

_____

_____

_____

_____

Wenn Schwierigkeiten auftreten

Wenn Ihr Kind Schwierigkeiten im schriftlichen Ausdruck hat, bedenken Sie Folgendes:

Neigt Ihr Kind dazu, sich zu „verhaspeln", kann es daran liegen, dass es den Text nicht richtig erfasst hat. Fragen Sie nach, was nicht verstanden wurde. Erst wenn Ihrem Kind der Inhalt klar ist, gelingt die Formulierung.

Manchmal reicht das Sprachrepertoire nicht aus, um einen Text aufzuschreiben. Stellen Sie Zwischenfragen, mit denen Sie den Inhalt eines Textes gliedern. Das hilft Ihrem Kind, seine Gedanken zu ordnen, ohne von ihnen überrollt zu werden.

Übrigens fallen Fehler beim Sprechen viel weniger auf als beim Schreiben. Beobachten Sie im Alltag einmal ganz bewusst, wie Ihr Kind spricht. Wenn es beispielsweise Endungen (de**m**, de**n**, ih**m**, ih**n**, eine**m**, eine**n** …) verwechselt, wiederholen Sie das Gesagte korrekt. Verbessern Sie das Gesagte beiläufig, ohne Ihr Kind zu tadeln.

Lösungen

Seite 12: Gärten, Treffpunkte, Garten, Samen, Unkraut, Schmetterlingen

Seite 16: Rippen

Seite 18: Tacho

Seite 26: … nur!; … Löwe!; … kann?; Schau!; … jubeln!; … nicht!; … wetten?; Einverstanden!; … gilt!

Seite 42: Bello hat eine Katze gejagt.

Seite 43: 1. Wer?, 2. Wo?, 3. Wann?, 4. Was?

Seite 45: Herr Bolle, im Garten, morgens, Herr Bolle findet einen vermissten Hund wieder.

Seite 54: Sternwarte

Seite 55: Raumanzug

Seite 72: 1. Meinung; 2. Tatsache; 3. Meinung; 4. Meinung; 5. Tatsache; 6. Meinung; 7. Tatsache; 8. Meinung; 9. Meinung; 10. Tatsache; 11. Meinung; 12. Meinung

Seite 85: Wichtige Erfindungen; Bekannte Erfinder; Patente anmelden

Literatur

Die ausgewählten Texte sind teilweise gekürzt und leicht geändert. Texte ohne Quellenangabe sind von der Autorin.

Duden-Lesedetektive

■ Bernhard Hagemann: Emil und der neue Tacho, 2006
■ Martin Klein: Der Geist aus dem Würstchenglas, 2006
■ Manfred Mai: Eins zu null für Leon, Dudenverlag 2006
■ Sabine Rahn: Anne und der geheimnisvolle Schlüssel, 2006
■ Barbara Zoschke: Auf der Suche nach dem verschwundenen Hund, 2005

Nachschlagewerke

■ Der Kinderbrockhaus in einem Band, F. A. Brockhaus 2006
■ Der Kinderbrockhaus. Technik, F. A. Brockhaus 2005
■ Der Kinderduden, Dudenverlag 2002

Sonstige Quellen

■ Das 100 Fragen Quiz zur Allgemeinbildung. Erfindungen.
■ Der Kinderbrockhaus. Kalender für clevere Kids. 2005 und 2006
■ „Gullivers Reise nach Liliput" nach Jonathan Swift. Aus: Einfach Klasse in Deutsch. 5. Klasse, Dudenverlag 2006
■ Lesebuch 3, Duden Paetec Schulbuchverlag, Berlin/Frankfurt a. M. 2006

Für Eltern

1 Zum Umgang mit diesem Buch

Das vorliegende Buch ist ein „Mitmach-Buch", in das Ihr Kind hineinschreiben, in dem es unterstreichen und malen kann. Sie erhalten so ein Arbeitsbuch, das die ganz persönliche Handschrift Ihres Kindes trägt und das es so nur ein Mal auf der Welt gibt. Vielleicht blättern Sie es später gerne zusammen mit Ihrem Kind durch, um die Erinnerungen an die ersten Lese- und Schreiberfahrungen wachzurufen.

Alle Kinder haben eine natürliche Neugierde, mit der sie die Welt der Buchstaben entdecken wollen. Lange vor der Schule machen sie ihre ersten Erfahrungen im Umgang mit Schrift. Bereits im Kindergarten wollen sie wissen, was Erwachsene an Büchern so spannend finden, und lieben es, wenn ihnen vorgelesen wird. Auch das Schreiben übt eine Faszination aus. Einkaufszettel und Notizen gehören zur Kommunikation der Erwachsenen, an der Kinder so schnell wie möglich teilhaben wollen.

Der eigentliche Prozess des Lesen- und Schreibenlernens verläuft aber gerade in der Grundschulzeit sehr unterschiedlich. Dies zeigt sich bereits im ersten Schuljahr: Während einige Kinder noch das Alphabet lernen, lesen andere bereits kurze Sätze. Beim Schreiben verhält es sich nicht anders. Es gibt Schüler, die bereits sehr früh ihre Gedanken für andere verständlich festhalten können. Bei anderen gelingt der Schritt von der gesprochenen zur geschriebenen Sprache noch nicht so gut. Die Einfälle sprudeln aus den kleinen Köpfen heraus und werden so niedergeschrieben, wie sie in den Sinn kommen. Dann enträtselt der Leser meist nur mit viel Fantasie, was gemeint sein könnte. Schon im alltäglichen Leben bieten sich Gelegenheiten, Ihr Kind beim Lesen- und Schreibenlernen zu fördern.

[info]

Fördermöglichkeiten im Alltag

■ Seien Sie Vorbild und lesen und schreiben Sie selbst! Nutzen Sie so die natürliche Neugierde Ihres Kindes. Bald wird es wissen wollen, warum Sie hinter einer Zeitung verschwinden und welche Notizen Sie machen.

■ Schaffen Sie zu Hause eine gemütliche Atmosphäre, wenn Sie Ihr Kind zum Lesen und Schreiben anregen möchten.

■ Sprechen Sie in der Familie über Informationen aus Büchern, Zeitschriften, Zeitungen und Briefen.

■ Gehen Sie mit Ihrem Kind gemeinsam in Büchereien.

■ Berücksichtigen Sie bei der Bücherwahl die Interessen Ihres Kindes. Es gibt keine „richtigen" und „falschen" Themen.

■ Lesen Sie mit Ihrem Kind Kinowerbung, Straßenschilder, Ladenöffnungszeiten usw., wenn Sie unterwegs sind.

■ Fordern, aber überfordern Sie Ihr Kind nicht.

■ Lassen Sie auch zu, dass Ihr Kind manchmal einfach keine Lust zum Lesen oder Schreiben hat.

Weil Lernen nur individuell stattfindet, sollte Ihr Kind das Tempo, in dem es das vorliegende Buch erarbeitet, selbst bestimmen. Wichtig ist lediglich, dass die Reihenfolge der Übungen eingehalten wird. Die Aufgaben bauen aufeinander auf und werden von Kapitel zu Kapitel anspruchsvoller. Selbst wenn ein Thema am Ende des Buches viel Begeisterung hervorruft, sollte es nicht vorzeitig bearbeitet werden.

Individuelle Lernfortschritte berücksichtigen

Wenn Sie den Eindruck haben, Ihr Kind sei zeitweise mit den Übungen überfordert, machen Sie einfach eine Pause und legen Sie das Buch zur Seite, denn ständige Überforderung kann dem Kind die Lesefreude nehmen. Beobachten Sie Ihr Kind und seine Entwicklung. Nehmen Sie das Buch dann wieder zur Hand, wenn Ihr Kind bereit dazu ist. Drängen Sie nicht zur Weiterarbeit, sondern freuen Sie sich gemeinsam über die bereits erzielten Erfolge und Fortschritte. Zeigen Sie Ihrem Kind von Zeit zu Zeit ganz bewusst Übungen der ersten Seiten. Motivieren Sie es zu neuen Aufgaben, indem Sie ihm erklären, wie leicht ihm jetzt Antworten fallen, für die es vor einigen Wochen noch viel Zeit gebraucht hat.

Denken Sie bitte daran, dass das Buch als Begleiter für drei Grundschuljahre konzipiert ist und nicht in einer bestimmten Zeit „durchgearbeitet" werden muss. Bei konsequentem Training wird Ihr Kind so schrittweise und in seinem Tempo gut auf die Anforderungen der weiterführenden Schule vorbereitet.

Lesen und Schreiben gehören zusammen

Kinder lernen Lesen und Schreiben gemeinsam. Je flüssiger ein Kind lesen lernt, desto eher wird es gewonnene Informationen oder Ideen auch niederschreiben wollen. Durch Texte erhalten Kinder immer wieder zahlreiche Anregungen, produktiv zu werden. Wird neues Wissen selbst aufgeschrieben, festigt und erweitert sich gleichzeitig der aktive Wortschatz. Das Gelesene wird bewusst wiederholt und bleibt auf diese Weise langfristig im Gedächtnis haften. Als besonders motivierend haben sich Leseinhalte erwiesen, die die individuelle Entwicklung des Kindes aufgreifen. Werden die momentanen Interessen eines Kindes berücksichtigt, wird die eigene Denk- und Vorstellungswelt bereitwillig erweitert. Bei der Auswahl der Texte wurde deshalb besonderer Wert auf Themen gelegt, mit denen sich Kinder im Grundschulalter gerne beschäftigen. Um den kleinen Lesern Inhalte auf unterschiedlichen Ebenen nahezubringen, wechseln Sach- und Erzähltexte ab.

Vielleicht wird Ihr Kind beim Lesen eines Ausschnitts neugierig und möchte das Buch, aus dem der Ausschnitt stammt, kennenlernen. Unterstützen Sie in diesem Fall unbedingt diesen Wunsch. Nehmen Sie sich die Zeit, um sich mit Ihrem Kind intensiver mit einem Thema zu beschäftigen. Dabei können auch andere Medien wie das Internet, Zeitungen, Zeitschriften oder das Fernsehen sowie ein Bibliotheksbesuch hinzugezogen werden. Eine Übersicht der ausgewählten Literatur finden Sie auf Seite 108.

2 Lesen und Schreiben als Prozess

In unserem Kulturkreis ist es für die meisten Menschen selbstverständlich, lesen und schreiben zu können. Wenn wir an einer Bushaltestelle auf einen Fahrplan schauen, in einem Telefonbuch einen Namen suchen oder einen Einkaufszettel schreiben, machen wir uns überhaupt keine Gedanken darüber, dass sich gerade sehr komplexe Vorgänge in unserem Gehirn abspielen. Ähnlich wie beim Autofahren oder Sport haben wir das Gelernte so automatisiert, dass es scheinbar „wie von selbst" geht. Kinder müssen diesen vielschichtigen Denkvorgang jedoch erst Schritt für Schritt lernen. Und das geschieht nicht von heute auf morgen. Der Lernprozess des Lesens und Schreibens dauert einige Jahre und vollzieht sich in mehreren Stufen.

Entwicklung von Sprachverständnis

Wenn ein Kind zu sprechen beginnt, gebraucht es Sprache zunächst als reines Werkzeug. Es begreift beispielsweise, dass es etwas zu trinken bekommt, wenn es „Durst" sagt, oder genießt die Aufmerksamkeit, wenn es „Mama" ruft.

Während der Vorschulzeit erfährt der Umgang mit Sprache jedoch eine wichtige Erweiterung. Kinder lernen, Wörter von ihrem konkreten Inhalt zu lösen. Sie stellen Sprache in einen anderen, abstrakteren Zusammenhang. Das geschieht, wenn Kinder einzelne Wörter innerhalb eines Satzes erkennen oder Reimwörter zuordnen lernen. Merkt

ein Kind beispielsweise, dass sich das Wort „Dach" auf „Fach" reimt, denkt es nicht mehr an die Gegenstände, sondern konzentriert sich in dem Moment auf den Klang der Wörter. Die Entwicklung dieser sogenannten phonologischen Bewusstheit ist ein wichtiger Entwicklungssprung und eine wesentliche Voraussetzung, um Lesen und Schreiben zu lernen. Hat ein Kind diesen Schritt noch nicht vollzogen, wird es auf die Frage „Welche Wörter reimen sich? Dach, Haus, Fach?" wahrscheinlich „Dach und Haus" antworten. Dann ist das Kind noch dem konkreten, also bildhaften Denken verhaftet.

Ein noch größerer Entwicklungssprung ist die Fähigkeit, Buchstaben Lauten zuzuordnen, wie wir es beim Lesen tun: Zu den Buchstaben „A" und „a" gehört der Laut „a". Beim Schreiben verläuft der Prozess umgekehrt. Dann gliedern wir Wörter in Laute und ordnen ihnen Buchstaben zu, die wir motorisch in Schrift umsetzen.

Wenn wir uns diese Vorgänge noch einmal bewusst machen, bekommen wir ein Gespür dafür, wie viel Konzentration Lesen und Schreiben anfangs erfordert.

Ist die Technik verstanden, kommen noch weit größere Herausforderungen hinzu. Lesen und Schreiben verlangt, neues Wissen mit der eigenen Welt in Beziehung zu setzen, auszuwerten und zu ordnen. Texte müssen hinterfragt und die eigenen Gedanken auf Richtigkeit überprüft werden.

Einen Text zu lesen setzt voraus, ...
- die Lesetechnik zu beherrschen,
- die Sprache zu kennen,
- den Gedankengängen des Autors folgen zu können.

3 Die richtige Leseumgebung

Weshalb Lesen so wichtig ist

In letzter Zeit wird immer öfter davon gesprochen, dass Lesen eine Schlüsselqualifikation für die schulische Laufbahn und den Berufseinstieg darstellt. Zahlreiche Untersuchungen haben bewiesen, dass der sprachliche Ausdruck für die Gesamtentwicklung einer Persönlichkeit wichtig ist.

Lesen ...
- fördert die sprachliche Entwicklung,
- regt die Fantasie und Kreativität an,
- vergrößert den Wortschatz,
- vermittelt Wissen und Allgemeinbildung,
- erweitert den Horizont,
- trainiert die korrekte Bildung von Sätzen,
- schult das Verständnis für Grammatik,
- erhöht die Konzentrationsfähigkeit,
- unterstützt das schriftliche Ausdrucksvermögen,
- erleichtert das Erlernen von Fremdsprachen,
- fördert das abstrakte Denken.

Texte lesen und verstehen

Einen Text zu lesen heißt noch nicht, seinen Inhalt tatsächlich zu verstehen. Neben der Lesetechnik, also dem Wort-für-Wort-Lesen, spielt das Textverständnis eine zunehmend wichtige Rolle im schulischen Umfeld Ihres Kindes.

Dahinter verbirgt sich ein ganzes Bündel an Fähigkeiten, Kenntnissen und Erfahrungen. Denn wenn wir einen Text lesen, rufen wir gleichzeitig unser vorhandenes Wissen ab. Bei unzureichenden Sprachkenntnissen oder mangelndem Vorwissen werden wir einen Text nicht oder nur unzureichend verstehen und für uns nutzen können. Das Gelesene ist „zu schwer" für uns.

[info]

Einen Text zu verstehen heißt, das Gelesene ...

- durch gemachte Erfahrungen zu ergänzen,
- mit eigenen Gedanken abzugleichen,
- mit der Wirklichkeit zu verbinden,
- infrage zu stellen,
- mündlich wiedergeben zu können,
- schriftlich zusammenfassen zu können.

Nur allzu leicht vergessen Erwachsene, dass sie über eine jahrzehntelange Leseerfahrung verfügen, die sich Kinder erst erarbeiten müssen. Vielleicht fühlt sich Ihr Sohn oder Ihre Tochter beim Lesen eines Buches manchmal genauso hilflos wie Sie beim Entziffern eines juristischen Fachtextes.

Lesen im Alltag

Für viele Kinder ist Lesen mit Hausaufgaben und Schule verbunden. Für die Lesemotivation ist es jedoch entscheidend, Kindern die Bedeutung von Sprache für ihr tägliches Leben zu vermitteln.

Das Lesen außerhalb der Schule kann auf viele unterschiedliche Arten gefördert werden:
- Lassen Sie Ihr Kind in der Zeitung Überschriften vorlesen.
- Verteilen Sie in der Wohnung kurze, auf Zetteln notierte Botschaften für Ihr Kind.
- Geben Sie Ihrem Kind die Möglichkeit, im Internet nach interessanten Themen zu suchen.
- Versuchen Sie mit Ihrem Kind, einfache Gebrauchs- und Spielanleitungen zu lesen.
- Bitten Sie Ihr Kind, Ihnen beim Kochen zu helfen, indem es ein Rezept laut vorliest.
- Lesen Sie mit Ihrem Kind in verteilten Rollen.
- Benutzen Sie regelmäßig Lexika. Lesen Sie Ihrem Kind daraus vor und fordern Sie es bei Gelegenheit auf, selbst einen Begriff nachzuschlagen.
- Viele Bibliotheken bieten Autorenlesungen, Lesenachmittage oder Lesenächte für Kinder an. Nehmen Sie diese Angebote wahr.

Es ist zunächst nicht wichtig, was Ihr Kind liest, sondern dass es gerne liest.

Wenn Ihr Kind anfangs zu Zeitschriften greift, ist das vollkommen in Ordnung. Viele Kinder, besonders Jungen, finden über Comics einen Zugang zu Büchern. Auch bei der Wahl der Literatur sollten Sie keine Einschränkungen vornehmen. Auch Fantasyreihen, Krimis oder Abenteuergeschichten fördern das flüssige Lesen und erhöhen damit das Lesetempo.

Kontrollieren Sie nicht, was Ihr Kind liest. Fragen Sie vielmehr nach seinen Leseerfahrungen und unterhalten Sie sich mit ihm über seine Einfälle, Ideen und neuen Erkenntnisse.

Wenn Schwierigkeiten beim Lesen auftreten, sollten Sie darauf achten, dass ...
- der Text immer linksbündig beginnt,
- die Schriftarten nicht wechseln,
- der Text auf weißem Hintergrund gedruckt ist,
- der Schriftgrad relativ groß ist,
- die Zeichnungen den Inhalt unterstützen, aber nicht in den Text hineinfließen,
- Ihr Kind genügend Pausen macht,
- der Text schwarz oder dunkelblau gedruckt ist,
- der Text in Druckbuchstaben gedruckt ist.

Klären Sie frühzeitig ab, ob keine physiologischen Ursachen vorliegen und Ihr Kind vielleicht eine Brille braucht!

4 Zum Schreiben motivieren

Schreiben im Alltag

Je bedeutsamer Schrift für Kinder wird, desto größer wird ihre Anstrengungsbereitschaft, richtig zu formulieren, korrekt und für andere verständlich zu schreiben. Holen Sie Ihr Kind dort ab, wo es steht, und berücksichtigen Sie seine individuelle Leistungsfähigkeit.

Natürlich kommt dem Schreiben gerade in der Grundschule eine große Rolle zu. Aber Kinder erfahren die eigentliche Bedeutung von Schrift häufig unabhängig von Noten und Beurteilungen in ihrem persönlichen Umfeld.

Finden Sie zu Hause Anlässe zum Schreiben. Schreiben außerhalb von Schule kann folgendermaßen unterstützt werden:

- Urlaubspostkarten an Freunde und Verwandte senden,
- dem Vater oder der Mutter eine E-Mail an den Arbeitsplatz schicken,
- einen Einkaufszettel notieren,
- eine Wandtafel für Termine und Notizen in der Wohnung aufhängen,
- ein Reisetagebuch anlegen, in das alle Familienmitglieder die schönsten Ferienerlebnisse schreiben,
- eine Brieffreundschaft aufbauen,
- zum Geburtstag und zu Weihnachten einen Wunschzettel anfertigen,
- Gedichte schreiben,
- ein Tagebuch oder Notizbuch führen,
- Einladungen zum Geburtstag verschicken.

Spielen Sie zusammen mit Ihrem Kind Schreibspiele wie „Stadt, Land, Fluss" oder „Wörter-Bingo". „Wörter-Bingo" funktioniert so: Wählen Sie verschiedene Kategorien wie Tiere, Länder, Städte, Jungennamen, Mädchennamen, Sportarten, Obstsorten usw. Jeder Spieler notiert sechs Begriffe zu einer Kategorie auf einem Zettel. Dann nennt der Spielleiter alle Wörter, die ihm dazu einfallen. Währenddessen kreuzen die Spieler diejenigen Wörter aus ihrer Liste an, die genannt wurden. Wurden bei einem Spieler alle sechs notierten Begriffe genannt, ruft er „Bingo" und zeigt seinen Zettel vor.

Freies Schreiben und Rechtschreibfehler

Die in diesem Buch ausgewählten Schreibübungen sollen in erster Linie dazu anregen, eigene Gedanken zu formulieren und festzuhalten. In den Grundschuljahren erfordert der Schreibprozess so viel Aufmerksamkeit, dass er den Ideen und Einfällen der Kinder oft nicht nachkommt. Zu viele Korrekturen blockieren die Freude am Schreiben unnötig.

Einige Fehler sollten jedoch grundsätzlich verbessert werden, und zwar wenn

- Buchstaben fehlen, also Laute in einem Wort nicht gehört oder überhört werden (Beispiel: Freune anstatt Freunde),
- zu viele Buchstaben vorhanden sind, also Laute geschrieben werden, die in einem Wort nicht vorkommen (Beispiel: Freunede anstatt Freunde),
- Buchstaben in einem Wort „verdreht" werden, also Laute nicht in der richtigen Reihenfolge wahrgenommen und umgesetzt werden (Beispiel: Fruende anstatt Freunde).

Kinder fragen häufig selbst nach der richtigen Schreibung eines Wortes, wenn sie ihre Aufzeichnungen einem Erwachsenen laut vorlesen. Nutzen Sie diese Gelegenheit, um die orthografischen Kenntnisse Ihres Kindes auf einfühlsame Weise zu erweitern. Schauen Sie gemeinsam mit Ihrem Kind im Wörterbuch nach der korrekten Schreibweise eines Wortes. Geben Sie ruhig auch einmal eigene Unsicherheiten bei der Rechtschreibung zu.

[info] **Lese- Rechtschreib-Schwierigkeiten (LRS)**

Macht Ihr Kind trotz intensiven Übens auffallend viele Fehler beim Lesen und Schreiben, sollten Sie überprüfen, ob Lese-Rechtschreib-Schwierigkeiten (LRS) vorliegen. Weitere Hinweise für eine vorliegende LRS können sein:

- verlangsamtes und mühevolles Erlernen des Alphabetes (Probleme bei der Laut-Buchstaben-Zuordnung),
- Fehlerhäufung bei Diktaten, Abschreibübungen und freiem Schreiben,
- ein Wort wird innerhalb eines Textes unterschiedlich geschrieben (fielleicht, vieleicht, vielleicht, fieleicht),
- ständige Verwechslung ähnlich aussehender Buchstaben wie m/n, b/d, p/q, F/L und ähnlich klingender Laute wie g/k, b/p, d/t,
- auffallende Probleme bei der Umstellung von der Druck- zur Schreibschrift,
- stockendes und verlangsamtes Lesen,
- auftretende Kopfschmerzen beim Lesen und Schreiben,
- völlige Lese- und Schreibverweigerung,
- Schulangst.

5 Fit für den Übertritt?

Der Lese- und Schreibprozess Ihres Kindes entwickelt sich gerade in den ersten Schuljahren ständig weiter. Entwicklungen brauchen jedoch eine verständnisvolle Förderung und ausreichend Zeit.

Regelmäßiger, lockerer Kontakt zur Schule ist immer hilfreich. So erfahren Sie auch von eventuellen Lernschwierigkeiten Ihres Kindes frühzeitig. Je früher Sie wissen, was mit ihm los ist, desto eher können Sie eingreifen. Das heißt nicht, dass Sie täglich oder wöchentlich in der Schule vorsprechen, sondern sich von Zeit zu Zeit informell mit dem Lehrer über das Verhalten des Kindes austauschen, eventuelle Missverständnisse ausräumen und ein wechselseitiges Verstehen für die besondere Situation in der Familie und Schule schaffen.

Denken Sie daran, dass Fortschritte immer individuell verlaufen, ohne einer objektiven Gesetzmäßigkeit folgen zu müssen. Vielleicht lernt Ihr Kind in Sprüngen. Dann merken Sie plötzlich, dass es Aufgaben mühelos bewältigt, für die es vor kurzem noch Ihre Unterstützung brauchte. Vielleicht lernt Ihr Kind auch kontinuierlich. Häufig bemerken Eltern gerade bei scheinbar langsamen Fortschritten die Veränderungen ihrer Kinder nicht.

Um Ihnen einen Anhaltspunkt zu geben, was Ihr Kind für die weiterführende Schule können sollte, finden Sie auf den kommenden zwei Seiten eine „Checkliste Lesen" und eine „Checkliste Schreiben".

Wenn Sie die Listen entsprechend ankreuzen, sehen Sie, was Ihr Kind schon alles sicher beherrscht und an welchen Stellen vielleicht noch geübt werden muss.

Stellen Sie fest, dass an einigen Punkten Defizite bestehen, schlagen Sie das entsprechende Kapitel noch einmal auf. Wiederholen Sie die Übungen, die Ihrem Kind Mühe bereiten. Auf diese Weise erhält Ihr Kind eine optimale Vorbereitung auf die weiterführende Schule.

Checkliste Lesen

Mein Kind ...			
... ordnet jedem Buchstaben mühelos einen Laut zu.	▪	▪	▪
... überspringt keine Zeile.	▪	▪	▪
... überliest weder Endungen noch Wörter.	▪	▪	▪
... liest auch lange Wörter fehlerfrei.	▪	▪	▪
... liest flüssig.	▪	▪	▪
... kann betont lesen.	▪	▪	▪
... beachtet Satzzeichen während des Lesens.	▪	▪	▪
... liest über einen längeren Zeitraum, ohne zu ermüden.	▪	▪	▪
... unterstreicht richtige Antworten nach einmaligem Lesen eines Textes.	▪	▪	▪
... kann einen Text gliedern.	▪	▪	▪
... kann das Gelesene mit eigenen Worten verständlich wiedergeben.	▪	▪	▪
... kann unbekannte Wörter klären.	▪	▪	▪
... kann mit einem Lexikon umgehen.	▪	▪	▪
... geht regelmäßig in eine Bücherei.	▪	▪	▪

Checkliste Schreiben

Mein Kind ...			
... schreibt unverkrampft.	☐	☐	☐
... ordnet seine Gedanken vor dem Schreiben.	☐	☐	☐
... versteht den Unterschied zwischen gesprochener und geschriebener Sprache (schreibt anders, als es spricht).	☐	☐	☐
... kann einen Text stichpunktartig aufschreiben.	☐	☐	☐
... formuliert kurze Sätze klar und deutlich.	☐	☐	☐
... schreibt mit viel Fantasie.	☐	☐	☐
... entwickelt weitergehende Ideen.	☐	☐	☐
... sucht auch außerhalb der Schule nach Schreibanlässen.	☐	☐	☐
... findet Überschriften zu Texten.	☐	☐	☐
... schreibt selbst kleine Geschichten mit verständlichem Inhalt.	☐	☐	☐
... achtet beim Schreiben auf die richtige Reihenfolge der Handlung.	☐	☐	☐
... unterscheidet beim Schreiben zwischen Fantasie und Tatsachen.	☐	☐	☐

Die Duden-Lesedetektive: Leseförderung mit System

Diese Erstlesereihe für die 1. bis 4. Klasse fördert systematisch das verstehende Lesen.

- Schwierigkeitsgrad, Textmenge und Schriftgröße sind auf das jeweilige Lesealter abgestimmt
- Spannende Detektivfragen trainieren das Textverständnis
- Ein Lesezeichen dient als Detektivwerkzeug zum Entschlüsseln der richtigen Antworten
- Nach den neuesten Empfehlungen der Grundschulpädagogik zur Leseförderung

1. Klasse
32 Seiten, gebunden

- Finn und Lili auf dem Bauernhof
  ISBN 978-3-411-70782-9
- Nuri und die Ziegenfüße
  ISBN 978-3-411-70785-0
- Eine unheimliche Nacht
  ISBN 978-3-411-70788-1
- Franzi und das falsche Pferd
  ISBN 978-3-411-70790-4
- Ein ganz besonderer Ferientag
  ISBN 978-3-411-70795-9
- Das gefundene Geld
  ISBN 978-3-411-70799-7

2. Klasse
32 Seiten, gebunden

- Die Prinzessin im Supermarkt
  ISBN 978-3-411-70786-7
- Auf der Suche nach dem verschwundenen Hund
  ISBN 978-3-411-70783-6
- Emil und der neue Tacho
  ISBN 978-3-411-70789-8
- Sarah und der Findekompass
  ISBN 978-3-411-70792-8
- Ein bester Freund mal zwei
  ISBN 978-3-411-70796-6
- Eine Sommernacht im Zelt
  ISBN 978-3-411-70800-0

3. Klasse
48 Seiten, gebunden

- Anne und der geheimnisvolle Schlüssel
  ISBN 978-3-411-70787-4
- Eins zu null für Leon
  ISBN 978-3-411-70784-3
- Viktor und die Fußball-Dinos
  ISBN 978-3-411-70793-5
- Nelly, die Piratentochter
  ISBN 978-3-411-70797-3
- Herr von Blech zieht ein
  ISBN 978-3-411-70802-4

4. Klasse
48 Seiten, gebunden

- Der Geist aus dem Würstchenglas
  ISBN 978-3-411-70794-2
- Der schlechteste Ritter der Welt
  ISBN 978-3-411-70798-0
- Kira und die Hexenschuhe
  ISBN 978-3-411-70803-1

www.lesedetektive.de